右脑
教养法

大西洋 ● 著

江西人民出版社
Jiangxi People's Publishing House
全国百佳出版社

图书在版编目（CIP）数据

右脑教养法 / 大西洋著. -- 南昌：江西人民出版
社，2019.3
ISBN 978-7-210-10981-5

Ⅰ．①右… Ⅱ．①大… Ⅲ．①智力开发－学前教育－
教学参考资料 Ⅳ.①G613

中国版本图书馆CIP数据核字(2018)第283313号

右脑教养法

大西洋 / 著

责任编辑 / 冯雪松

出版发行 / 江西人民出版社

印刷 / 大厂回族自治县彩虹印刷有限公司

版次 / 2019年3月第1版

2019年3月第1次印刷

880毫米×1230毫米　1/32　6印张

字数 / 170千字

ISBN 978-7-210-10981-5

定价 / 39.80元

赣版权登字-01-2018-974

版权所有　侵权必究

如有质量问题，请寄回印厂调换。联系电话:0316-8863998

新生命的到来，给父母带来了太多的欢愉和期盼，初为人父人母，在激动和喜悦之余，都希望自己的孩子能够健康快乐地成长，也都希望自己的孩子拥有聪明伶俐的头脑，长大后能有所作为。为此，父母应该为孩子精心准备一份让孩子受益终身的大礼——右脑教养。

随着人类科技的不断进步，大脑科学研究取得了飞速的发展。1981年，美国心理生物学家罗杰·斯佩里博士通过割裂脑实验，证实了大脑不对称性的"左右脑分工理论"，并获得了诺贝尔奖，右脑潜能开发开始被全世界重视。

我们的左脑有语言中枢，主管语言、书写、阅读、听觉、运动以及触觉等，左脑的思维方式属于抽象思维。右脑长于非语言的形象思维和直觉，主要负责人的协调能力、视觉、空间能力和人际关系等。

孩子在0～6岁这个阶段，大脑以潜能无限的右脑为主导，这个阶段孩子吸收各方面信息和知识的能力非常惊人，是大脑潜能开发的黄金期。在这个阶段，孩子右脑的潜能能否被挖掘出来，或者说右脑的潜能能够开发到什么程度，与父母的教养方法关系密切。每个孩子都是天才，都拥有无限发展的可能性，但这种能力是隐性的，需要父母在养育过程中给予精心的培养和引导。

因此，从小对孩子进行右脑方面的训练是非常必要的，只要方法足够科学、合理，就能增强孩子大脑细胞的功能，让孩子的右脑能力得到最大限度的开发。反之，如果右脑开发所用方法不科学，就会降低孩子大脑的使用面积，也就达不到右脑开发的效果。

本书立足于0~6岁儿童的右脑发育规律，以授人以鱼不如授人以渔为原则，甄选出适合这个阶段孩子的游戏与科学训练方法，致力于刺激和开发孩子的右脑潜能，让孩子在简单、快乐的游戏中成长，全方位地提升孩子大脑的潜能。

对孩子进行右脑教养是一项长期的工作，父母需要付出耐心和爱心。希望本书在孩子右脑教养的路上，能成为父母的良师益友，从而培养出健康、聪明的孩子。

目录
CONTENTS

Chapter 1　和大脑来一次亲密接触

大脑："嗨！我叫大脑，有兴趣认识一下我吗？" / 002

大脑："我是非常爱学习的！" / 005

大脑："想知道我每天是怎样工作的吗？" / 008

大脑："做梦的小秘密，你想知道吗？" / 012

大脑："激活右脑潜能，我可以创造无限可能！" / 015

大脑："我必须澄清你们对我的错误认知" / 018

Chapter 2　0～1岁，右脑开发的黄金期

变！变！变！——孩子观察力初养成 / 022

拼一拼——初步培养孩子的图形认知力 / 025

镜子里的孩子——锻炼孩子的视觉能力 / 028

小孩子，水中游——肢体协调能力小练习 / 031

小虫爬呀爬——刺激孩子的触觉反应能力 / 034

有趣的风铃——培养孩子的听觉能力 / 037

神奇的手影——训练孩子的创造思维能力 / 040

我在哪儿？——空间知觉能力训练 / 044

Chapter 3　1~2岁，帮孩子激活右脑的非凡潜能

拼图成方圆！——培养孩子的图形认知能力 / 048

蝴蝶飞飞——培养孩子的乐感与肢体协调能力 / 051

小小侦察兵——训练孩子的空间知觉能力 / 055

捡豆子——锻炼孩子的手脑协调能力 / 058

对号入座——培养孩子的视觉认知能力 / 061

做熊猫——培养孩子的创意能力 / 064

走出迷宫——训练孩子的空间智能 / 067

石子交响乐——激活孩子的右脑才艺 / 070

Chapter 4　2~3岁，开启孩子海绵一样的右脑记忆

小花猫捉老鼠——培养孩子的肢体协调能力 / 074

旋转的降落伞——拓展孩子的视觉能力 / 077

闪卡训练——培养孩子的瞬间记忆能力 / 081

画一画，贴一贴——提高孩子对图形的认知能力 / 084

小猫钓鱼——培养孩子的专注力和空间能力 / 088

神秘的海底世界——培养孩子右脑的想象力 / 092

纸杯电话——提高孩子的创意能力 / 096

抛球，接球——锻炼孩子的空间智能 / 099

Chapter 5　3 ~ 4岁，右脑不持续开发，就会慢慢沉睡

表情传递——培养孩子的交往能力 / 104

随意涂鸦——锻炼孩子的想象力与右脑才艺 / 107

看一看，说一说——提高孩子的视觉记忆能力 / 110

数字魔法屋——训练孩子的空间能力与记忆力 / 113

少了哪一个——培养孩子快速记忆的能力 / 116

Chapter 6　4 ~ 5岁，用新鲜的刺激激活孩子的右脑功能

学儿歌，识四季——培养孩子的语言节奏感 / 120

猜猜猜——培养孩子的绘画兴趣与创造力 / 123

小红帽与大灰狼——培养孩子的右脑才艺 / 126

快乐传传传——开发孩子右脑的音乐潜能 / 129

多米诺骨牌——培养孩子的空间识别能力 / 133

趣味颜色卡——锻炼孩子的注意力和照相记忆能力 / 136

Chapter 7　5～6岁，帮孩子构建完整的心理拼图

左右不一样——拓展孩子脑细胞功能范围 ／ 140

猜一猜，找一找——让孩子左右脑沟通更协调 ／ 143

制作望远镜——提高孩子的创造力 ／ 147

手指木偶——想象力培养与全脑锻炼 ／ 150

和时间赛跑——培养孩子处理问题的能力 ／ 153

名画欣赏——培养孩子的艺术鉴赏力 ／ 156

附　录　右脑趣味手指操

趣味手指操（一）：小红花 ／ 160

趣味手指操（二）：我是一个大苹果 ／ 162

趣味手指操（三）：手指对对碰 ／ 164

趣味手指操（四）：小宝宝，问声早 ／ 166

趣味手指操（五）：两只小手不分家 ／ 169

趣味手指操（六）：做汤圆 ／ 172

趣味手指操（七）：两只小手来比赛 ／ 174

趣味手指操（八）：小鸡叽叽叽 ／ 177

后　记

CHAPTER 1

和大脑来一次亲密接触

我们都知道，大脑是人体最复杂的器官，每天都在接收和处理海量的信息，发出无数的指令，目前还没有任何一款计算机或人工智能能够与大脑媲美。孩子的大脑与成人的大脑的学习机制是否相同？左脑与右脑的功能是否一样？为什么说孩子的右脑蕴藏着无限潜能？如果父母想了解这些问题，那么就和大脑来一次亲密接触吧！

大脑："嗨！我叫大脑，有兴趣认识一下我吗？"

> 大脑："我是人体所有器官中最复杂的一位成员，也是人体所有神经系统的中枢！我掌管着人类的意识、精神、语言、学习、记忆和智能等高级神经活动。"

大脑的外部结构

大脑的外部结构主要包括端脑和间脑。

1. 端脑

端脑由大约140亿个细胞构成，重约1400克，大脑皮质厚度为2～3毫米，总面积约2200平方厘米，由左、右大脑半球构成，是中枢神经系统最高级的部分。

2. 间脑

间脑由丘脑和下丘脑构成。丘脑负责与大脑皮质、脑干、小脑、脊髓等联络，控制感觉的中继和运动等。下丘脑与保持身体恒常性，控制自律神经系统、感情等相关。

大脑的三个核心部分

脑核、脑缘系统和大脑皮质构成了大脑的三大核心。

1. 脑核

脑核掌管着人们日常基本生活的处理，包括呼吸、心跳、觉醒、运动、睡眠、平衡、早期感觉系统等。

2. 脑缘系统

脑缘系统负责行动、情绪、记忆处理等功能，还负责体温、血压、血糖及其他居家活动等。

3. 大脑皮质

大脑皮质是大脑两半球表面的一层，稍带灰色，由神经细胞组成，负责较高级的认知和情绪功能，主要分为左大脑和右大脑两大部分，左右脑大脑皮质均包含额叶脑、顶叶脑、枕叶脑、颞叶脑四个部分。

大脑："我是非常爱学习的！"

大脑："不要一遇到困难，就把责任推给我哦！例如'脑子不好使！''总是记不住！''怎么这么笨！'等。我可是爱学习的，只是你们不了解我的学习机制！"

孩子在成长的过程中，要学习各种知识。有趣的、孩子喜欢的，学起来就会比较快；枯燥一点的，孩子就会很排斥。这是因为孩子笨吗？显然不是，其实，这与大脑的结构和学习机制有关。

认识缘脑

缘脑对陌生的信息有阻碍作用。

任何信息在进入我们的大脑之前，都要先经过缘脑，缘脑与脑干是连接在一起的，脑干负责指挥四肢的动作，而缘脑负责"预警"，也就是向脑干发送危险信号，脑干再下达命令，让我们的四肢对危险做出规避动作。

缘脑对陌生信息具有阻碍作用，这也是一种生命安全保护机制。例如有陌生物体向我们飞来时，缘脑会觉得这个物体是不安全的，会阻碍信息进入大脑，发出躲避的指令。因为信息进入大脑，思考后再下达命令是来不及的。

当我们在踢足球时，看到球飞过来后，会用头去顶一下，这种情况，为什么缘脑就不下达躲避的命令了呢？因为大脑对足球和足球运动已经熟悉了，认为这是安全的，不会触发缘脑的阻碍机制。因此，学习陌生的新知识的第一步，就是要说服缘脑，让缘脑觉得知识不陌生，减少信息进入大脑的阻碍，学习效率也就提高了。

缘脑在大脑接收信息的过程中，还充当着"过滤器"的作用。当大脑接收到一条新信息时，缘脑会首先被激活，将新信息与既有经验进行比较。

如果这条信息与以往信息类似，曾经给我们带来积极的影响，缘脑就会放行，允许这条信息进入大脑皮质进行进一步的深度处理，我们主观上也会感到愉悦。

如果这条信息与以往不愉快的信息类似，缘脑就会亮起红灯，试图拦截这一信息。如果大脑接收到的信息没有倾向性，也能够通过缘脑的过滤进入大脑皮质，在这种情况下，大脑皮质无法得到强烈刺激，这条信息也不会给大脑留下很深的印象，无法进入长期记忆区域。

　　另外，缘脑是严格按照既定模式工作的，想要轻松获取知识，首先就要拿到缘脑的"通行证"，只要让信息成功通过一次，也就相当于获得了长期的"通行证"。

　　例如，我们想要学习新知识，可以先了解其整体知识结构，对整体有个印象，然后再去学习；如果我们在拼拼图，可以先拼四条边，给大脑一个整体印象，向缘脑发出积极的信息，让它感觉到安全。这种从整体到局部的模式，恰恰符合右脑的学习模式，还能有效地激活右脑，而右脑在提升孩子学习效率方面的作用是无法替代的。

大脑："想知道我每天是怎样工作的吗？"

大脑："想知道我作为思考和处理数据的中心，每天究竟是怎样思考、怎样记忆、怎样工作的吗？那么就跟随我的脚步一起来了解一下吧！"

人的思维活动在端脑进行

人因为大脑能够思考，才有了智慧，才区别于其他动物，才进化为万物之首。人类大脑的所有思维活动都在端脑部分进行。根据不同的思维功能，端脑又分成了端脑中心的思维区域和端脑边缘的存储区域两大部分。

1. 思维区域

思维区域位于端脑的中心，是大脑的思维平台，在单个时间内只能进行单个思维活动。

2. 存储区域

存储区域位于端脑的边缘，是大脑思维活动的数据库，大脑皮质也属于存储区域。

大脑中储存的数据是以客体影像的形式存在的

我们大脑中所有思维活动的对象，都是影像。这种影像是客观的外在事物在大脑中映射出来的影子，因此我们平时也习惯称之为客体影像。客体影像包括了这个影像事物的外观、声音、运动趋势等所有属性。

我们大脑储存的数据都是以客体影像的形式储存的，因此我们也可以称之为内在存储影像。内在存储影像和外在事物是对等的，从某种意义上来说，我们获取的知识就是我们的大脑内部存储的影像世界。

客体影像不仅包括了事物部分，还包括了做事的方法、步骤、过程以及语音文字符号等方面。我们身体的感觉传递给大脑，大脑内部也会建立一个一样的影像。例如，我们身体刺痛，大脑内部也会建立一个身体刺痛的影像出来。

客体影像的范围很广，如果外在事物是一条狗，那么大脑内部也会建立一个相同的狗的影像，包括了狗的大小、毛色、叫声、生活习惯等，需要表达的时候，大脑会根据内部储存的客体影像描述出这条狗的各种属性。

　　大脑中的客体影像的外在事物可以是单个的，也可以是多个外在事物组成的复合体，这些客体影像就像放电影一样，在我们的大脑中一一呈现，而语言却不能像放电影一样在我们的大脑中一一呈现。这也是我们的大脑可以轻松地记住一部电影的内容，却很难在短时间内牢牢记住一段话的原因之一。

　　内在储存影像可以帮助我们识别外在事物的真假，例如，如果外在画面是一条狗在天上飞，那么我们的大脑就会根据内部存储的影像来判断这个知识是真的还是假的。内部储存的影像在大脑中并非杂乱无章的，而是有一定次序的，因此我们对有次序的事物很容易记忆，而对杂乱无章的事物很难记忆。

大脑："做梦的小秘密，你想知道吗？"

大脑："每个人都会做梦，有些离奇的梦境还被过分解读。要知道，人在睡着的时候，我们大脑可不会停止工作，所以人才有了梦境。"

不同时相的睡眠

我们在睡觉的时候，会有两个不同时相的睡眠交替出现：一个是慢波睡眠，又称非快速眼动睡眠；另一个是异相睡眠，又称快速眼动睡眠。

1. 慢波睡眠

慢波睡眠由浅至深可分为四个时期，第一、二期称为浅睡期，第三、四期称为深睡期。在整个慢波睡眠中，以副交感神经活动占优势。

2. 异相睡眠

异相睡眠是人在睡眠过程中出现的周期性激动性状态，这期间脑电波与清醒时的脑电波相似，表现为眼睛快速转动，经常翻身，异相睡眠通常持续5~15分钟。

慢波睡眠和异相睡眠交替出现，一个周期结束后进入下一个周期，每一个周期的时间为1.5~2个小时。异相睡眠是大脑主动调整身体状态，又避免完全觉醒，让我们更好地适应漫长黑夜的睡眠环境，而做梦通常出现在异相睡眠阶段。

做梦机制

我们每天在睡眠过程中，可能会做4~5个梦，很多梦我们都记不住，因为我们并不能完全感知和记忆做梦的状态。大脑在异相睡眠阶段，既要保证调整身体姿态，又要屏蔽掉大部分身体信号，大脑处于轻微意识状态，这些轻微的意识，我们根本不会觉察和记忆。

如果一部分身体信号足够强烈，被大脑感知，产生复杂意识，大脑会通过简单的思考来解决这个问题，大脑解决问题的过程会将思维意向转换为影像输出，这些输出的影像就是我们梦境的来源。这也是关于大脑做梦机制的一种理论。

由于大脑过度劳累，我们会感到头晕眼花，睡觉时常常会做梦。这是因为大脑主动进入简单思维状态，用做梦机制保证了大脑内部更好的修复和新陈代谢，这是大脑做梦机制的另一种理论。

梦境只是思维影像的输出

举个例子，人在睡眠过程中感到尿急，大脑就会产生找厕所的思维，并将这种思维转换为影像输出，我们就会在梦境中找厕所，等找到了，我们也正好醒了。因为在梦境中，身体传送信号被大脑屏蔽，我们不能感知外在环境，所以梦境中的人和事都是大脑思维通过所需的外在环境自行添加的相关影像。

所以，梦境是先有思维活动，后有影像输出。如果我们想要做某件事，或者说担心某件事发生，这些想法和意识就有可能出现在我们的梦境中。梦境中出现的人和事，也都是大脑根据熟知的环境随意补上，形成影像输出的。

大脑："激活右脑潜能，我可以创造无限可能！"

大脑："在6岁前的孩童时期，我主要用右脑工作，拥有着惊人的学习效率。6岁以后，左脑开始发挥作用，右脑的潜能渐渐被忽略，右脑也是需要锻炼和开发的啊！"

科学研究证明，人类左脑负责信息处理，属于慢速脑；右脑拥有超强的学习能力，属于快速脑。

慢速脑

左脑负责大脑的信息处理，属于逻辑脑，左脑的记忆能力和学习效率要比右脑低很多，所以记忆一段文字需要重复几十次甚至上百次才能记住。但是左脑擅长的是逻辑分析，有了逻辑分析，记忆的内容才会变得有意义，人才会理性处理问题，人类的文明才能得以延续和发展。

快速脑

右脑具有过目不忘的记忆能力，采用潜意识和直觉的方式学习和记忆，主要用图像方式处理问题，拥有庞大的信息储存量，属于非逻辑潜意识脑。举个例子，当我们走过一条街，或者追一部电视剧时，我们并没有刻意去记忆什么，很多一闪而过的图像信息就已经印在脑海里了，即便过去很长时间，我们依然会记得剧中的情节或者那条街上有哪些店铺。这便是右脑强大的图像记忆能力。

右脑的潜能和价值一直被忽视，所以作为父母，如果能够将孩子的右脑潜能开发应用到学习中，将会看到惊人的效果。

激活右脑，让双脑并行

孩子在婴儿期拥有超凡的学习能力，对任何新鲜事物都能快速掌握，他能毫不费力地学会语言，记住各种复杂图案。因为这个阶段的孩子还不具备逻辑思维能力，只通过右脑的潜意识来学习，因此学习效率非常高。

3岁后，孩子的逻辑和意识开始建立。

6岁以后，左脑开始逐渐占据主导地位，右脑潜意识的直觉学习和理解能力开始消失，学习效率开始逐渐降低，学习变成一件费时费力的事情。

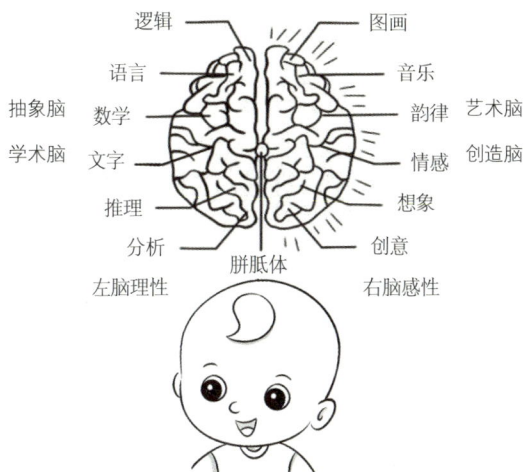

逻辑　　　　　　图画
语言　　　　　　音乐
抽象脑　数学　　　　　　韵律　艺术脑
学术脑　文字　　　　　　情感　创造脑
推理　　　　　　想象
分析　　　　　　创意
　　　胼胝体
左脑理性　　　右脑感性

　　因此，0~6岁是开发孩子右脑潜能的黄金时期，在孩子大脑构建完善之前，培养孩子使用右脑的习惯，激活孩子右脑的潜能，才能让孩子走进双脑并行的世界，拥有非凡智能。

大脑："我必须澄清你们对我的错误认知"

大脑："随着大脑科学的发展，我的各项能力和小脾气也都被科学家们一一解读了，有些关于我在孩童阶段发育的认知误区，不要再走进去了！"

误区一：右脑是万能的

大脑分为左脑和右脑，但左右脑并非独立工作，虽然左右脑分工侧重不同，但不代表不同工作是由大脑的某个区域来负责，而是在做这项工作时，某一区域占主导，由其他区域协作来完成，因此我们都是"全脑人"。

孩子6岁以后，左脑逐渐走上主导地位，右脑能力逐渐被埋没，我们开发右脑，并不代表可以舍弃左脑，让右脑独立工作，而是为了激活右脑潜能，让左右脑更好地协同合作，发挥左右脑各自的优势，也希望父母们不要被"右脑神话"蒙蔽，采用合理的、科学的方法，才能帮助孩子开发出大脑的潜能。

误区二：过分解读敏感期

儿童敏感期理论引入儿童心理学，尤其是引入到学习领域后，出现了过度解读的现象。例如，常见的2~3岁口语敏感期、4~5岁书面语言敏感期等等。许多父母担心孩子错过了某个敏感期后，就错失了学习的机会。

的确，孩子在很多领域，如艺术、体育、语言等等，在某个年龄段会表现得更容易掌握，但不代表错过了敏感期就不能掌握这项本领了，只是在这个领域需要花更长的时间练习而已，并不代表敏感期不能错过。

误区三：记忆力可以提高智商

每个人的记忆能力都是可以通过训练来提高的，现在很多打着大脑开发的幌子来训练记忆，是带有过度宣传成分的。

提高记忆力的方法，可以帮助人们记住一些枯燥的知识，但绝不会提高大脑的理解能力，将记忆力与理解能力画等号，是错误的观点。学习的根本目的，不是背下来多少知识点，而是掌握多少种方法。真正的学习还是要理解，只有理解了才能融会贯通，才能创新，这才是智慧。

误区四：四肢发达，头脑简单

许多父母过于关注孩子的学习，却忽略了孩子的运动。要知道，合理的运动和游戏，才能让孩子的大脑细胞获得更多的养分，帮助神经元生长，进而提高学习效率。有些父母可能会担心，孩子玩野了，就没心思学习了。实际上孩子动起来才能真正认知这个世界，了解这个世界的真实规律，让知识与实践融会贯通，这种学习才能真正提升孩子的智能。

总体来说，孩子右脑教养并不神秘，它可以是你和孩子一次的言语交流，一次爱抚，一起玩游戏，一起堆沙子，一声"我爱你"，一句"晚安"……在陪伴孩子成长的过程中，掌握一些正确的知识，并应用上，就完美了！

CHAPTER 2

0~1岁，右脑开发的黄金期

父母千万不要以为0~1岁孩子还是个婴儿，还什么都不懂。其实，这个阶段是孩子右脑教养的黄金阶段，父母通过视觉、听觉、触觉等方面精心培养孩子，孩子的右脑自然而然地就会得到充分的锻炼，孩子的人生将从此变得与众不同。

变！变！变！——孩子观察力初养成

0~1岁孩子的视力步入快速发育阶段，只要通过合理的视觉刺激，就能够有效激活孩子右脑的潜能。

右脑训练

● 准备

1. 游戏名称：变！变！变！

2. 游戏目的：训练孩子的观察能力和反应能力。

3. 适合年龄：4个月以上。

4. 游戏道具：1个玩具娃娃、1个苹果、1个奶瓶。

● 步骤

第一步：孩子躺在床上玩耍时，妈妈手拿一个玩具娃娃放到孩子眼前，让孩子注意到娃娃。

温馨小贴士：选择孩子情绪好的时候进行游戏，妈妈要注意观察孩子的注意力和表情变化。

第二步：成功吸引孩子的注意力后，妈妈将手中的娃娃换成一个苹果，观察孩子是否能发现东西变了。

变！变！变！看看妈妈手里的娃娃变成了什么？

温馨小贴士：初次做这个游戏时，孩子的注意力和观察力可能没那么集中，所以妈妈可以用声音辅助引导。

第三步：当孩子把注意力成功放在妈妈手中的苹果上时，再换成孩子喜欢的奶瓶，观察孩子是否能发现东西又变了。

温馨小贴士：丰富的颜色变化可以激发孩子的好奇心，进而激活右脑的创意能力。

第四步：重复上面的步骤。

温馨小贴士：每次游戏时，妈妈选择玩具或物品的种类不要太多，3～4种为宜，孩子越喜欢的东西对激活右脑潜能越有效。

拓展练习

红、黄、蓝三种颜色被称为三原色，其他颜色均由红、黄、蓝三种感光色素混合，并将信息传到大脑中枢整合而成。研究表明，孩子在3个月左右已经具有了三色视觉，用红、黄、蓝三种颜色的玩具或物品和孩子做游戏，可以刺激孩子颜色视觉的发展，锻炼孩子的右脑。

● 推荐游戏：纸飞机

方法提示：妈妈可以用红、黄、蓝三种颜色的纸折成纸飞机与孩子互动，这不仅可以刺激孩子颜色视觉的发展，还能锻炼孩子对空间的认知能力。

趣味链接　我和大脑有个约会

脑电波密码（一）——四种基本脑电波

人类的大脑，是依靠什么来完成每天如此庞大的信息处理任务的呢？答案是生物电。现代科学研究表明，人脑在工作时会产生自发性电生理活动，该活动可以通过脑电记录仪以脑电波的形式表现出来。研究还指出，脑电波至少存在4个重要的波段，即δ波、θ波、α波和β波。

拼一拼——初步培养孩子的图形认知力

　　培养孩子对图形的认知能力，可以提高孩子的理解力和想象力，激发孩子的好奇心，提高孩子的学习能力。

右脑训练

● 准备

1. 游戏名称：看一看，拼一拼。
2. 游戏目的：初步培养孩子的图形认知力与形象思维能力。
3. 适合年龄：10个月以上。
4. 游戏道具：人（或动物）的卡通图片、剪刀。

● 步骤

第一步：将准备好的卡通形象图片剪成若干份，并在孩子面前拼成一张完整的图片，激发孩子的好奇心。

温馨小贴士：最好按照部位，如头、上身、腿等，把图片剪成3～4块。

第二步：引导孩子寻找规律，自己拼图。当孩子拼出来时，要多多夸奖孩子。

温馨小贴士：妈妈可以选择孩子感兴趣的人物图片或卡通形象，这样，孩子会更容易集中注意力。

第三步：重复练习，妈妈观察孩子经过多次练习以后，能否独立完成简单的拼图。

温馨小贴士：游戏过程中，妈妈要注意孩子的安全，避免孩子与剪刀等利器接触。

拓展练习

孩子在3个月左右，视力已经能够对人的面孔形成清晰的图像，3～6个月时，孩子对接近他们的大人显出偏爱，对陌生人表现出警觉和回避，妈妈可以在这个阶段刺激孩子的视觉，让孩子获得更丰富的视觉体验。

● 推荐游戏：妈妈的脸

方法提示：这个亲子小游戏很简单，平时妈妈坐在床上时，可以抱住孩子，让孩子站在自己的膝盖上，屈膝时孩子上升，放平膝盖时孩子下降，让孩子从不同角度观察妈妈的脸，妈妈注意孩子的面部表情变化。

趣味链接　我和大脑有个约会 ◁

脑电波密码（二）——学习与思考的 α 波

脑电波 α 波的频率为 8～13Hz，平均数值为 10Hz，幅度为 20~100μV。α 波是正常人脑电波的基本节律，如果没有外界刺激，频率就会非常稳定。当大脑处于 α 波时，人就会意识清醒，身体放松，是大脑意识与潜意识的"桥梁"。大脑在这种脑波状态下，能量消耗最少，运作效率最高，是人们学习与思考的最佳状态。

镜子里的孩子——锻炼孩子的视觉能力

　　随着大脑的发育，孩子的视觉能力越来越强，通过双眼去
理解和掌握周围的世界。

右脑训练

● **准备**

1. 游戏名称：镜子里的孩子。

2. 游戏目的：通过让孩子观察镜子里的自己，锻炼孩子的视觉
记忆力，同时提高孩子的自我认知力。

3. 适合年龄：6个月以上。

4. 游戏道具：一面镜子。

● **步骤**

第一步：妈妈抱着孩子慢慢移动到镜子前（妈妈也可以拿着一面

镜子在孩子面前慢慢移动），让孩子注视自己的脸和身体，问孩子：
"镜子里那个孩子是谁？"

温馨小贴士：孩子6个多月时视力可达0.1，已经能够注视较远距离的物体了。

第二步：孩子可以从镜子中认识自己，妈妈引导孩子通过镜子观察自己。例如：妈妈可以摸摸孩子的鼻子，告诉孩子"这是你的小鼻子"，让孩子观察镜子里的孩子的鼻子。

温馨小贴士：6个月左右的孩子对颜色很敏感，喜欢明亮鲜艳的颜色，尤其是红色。

第三步：妈妈可以尝试做各种鬼脸吸引孩子，让孩子通过镜子观察妈妈和自己。

温馨小贴士：传统育儿观念认为"小孩儿不能照镜子"，这是错误的观点。

拓展练习

妈妈可以在给孩子洗澡的过程中，让孩子进行抓玩具练习，在开发孩子右脑的同时，促进孩子视觉能力的发育，提高孩子的手眼协调能力。

● 推荐游戏：游泳的小鸭子

方法提示：孩子洗澡时，妈妈可以在孩子的浴缸中放一些漂浮的小鸭子，对孩子说："宝宝快抓住它，小鸭子要游走了！"在游戏过程中，妈妈要照顾好孩子的安全，以免发生意外。

趣味链接　我和大脑有个约会

脑电波密码（三）——紧张、压力与脑疲劳时的 β 波

脑电波 β 波的频率为14~30Hz，幅度为100~150μV。平时，人在清醒的时候，大脑频率大部分时间处于 β 波状态。随着 β 波的增加，身体会逐渐呈现紧张状态，此时能量消耗加剧，容易疲倦，如果得不到充分休息，压力就容易堆积，导致亚健康状态。

小孩子，水中游——肢体协调能力小练习

肢体协调能力是衡量孩子智力发育的一项重要标准。锻炼孩子的肢体协调能力是开发孩子的右脑及吃饭、写字、画画等各项能力的重要一步。

右脑训练

● 准备

1. 游戏名称：小孩子，水中游！

2. 游戏目的：提高孩子的肢体协调能力，促进孩子大脑的发育。

3. 适合年龄：8个月以上。

4. 游戏道具：大一点的浴缸。

● 步骤

第一步：妈妈用一只手托住孩子的头和脖子，另一只手托住孩子的屁股，慢慢将孩子放入水中，反复托着孩子做"仰泳"。

温馨小贴士：在游戏过程中，妈妈注意不要让水溅到孩子的眼睛里，更不要让孩子呛水。

第二步：与孩子互动，逗孩子开心，让孩子随意踢打、嬉闹，给孩子一个锻炼四肢能力的机会。当然，妈妈也可以给孩子买一个游泳项圈，让孩子在水中尽情玩耍。

温馨小贴士：如果妈妈想要让孩子学游泳，必须选择适合孩子月龄的合格产品，选择符合安全标准的专业游泳池，不能盲目相信商家的广告。

拓展练习

抓握能力是孩子发育的一个里程碑，抓握可以极大程度地锻炼孩子的大脑对身体的控制能力。从3个月起，妈妈就可以尝试锻炼孩子集中精力学习抓握了，而且孩子每个月都会有进步。

● 推荐游戏：小小手指头

方法提示：妈妈可以准备一些可供抓握的柔软玩具，培养孩子的抓握能力和手指灵活性。妈妈可以边和孩子互动边哼唱儿歌："一个指头按电钮，两个指头捡豆豆，三个指头解扣扣，四个指头提兜兜，五个指头握一起，攥个拳头有劲头。"

趣味链接 我和大脑有个约会

脑电波密码（四）——通往记忆与学习闸门的 θ 波

脑电波 θ 波的频率为4~7Hz，幅度为5~20μV。θ波属于熟睡和觉醒之间的脑波，因此又称为假寐波。当人的意识中断、身体深沉放松时，就会出现θ波。大脑在这种状态下，对于外界的信息呈现出高度的受暗示性状态，这就是人在被催眠时会容易接收外来的指令的原因。另外，θ波对于触发深层记忆、强化长期记忆有很大的帮助，被科学界称为"通往记忆与学习的闸门"。

小虫爬呀爬——刺激孩子的触觉反应能力

触觉是婴儿认识世界的主要方式，妈妈通过对孩子皮肤的抚触刺激，可刺激孩子的神经系统，尤其是对孩子的大脑神经系统有着整合和成熟化的促进作用。

右脑训练

● 准备

1. 游戏名称：小虫爬呀爬！

2. 游戏目的：刺激孩子的触觉反应能力，促进孩子右脑感知觉的发展。

3. 适合年龄：3个月以上。

4. 游戏道具：无。

● 步骤

第一步：让孩子平躺在床上，妈妈用食指和中指轻轻抚触孩子的
手心与脚心，像小虫一样在孩子的手脚心爬来爬去。

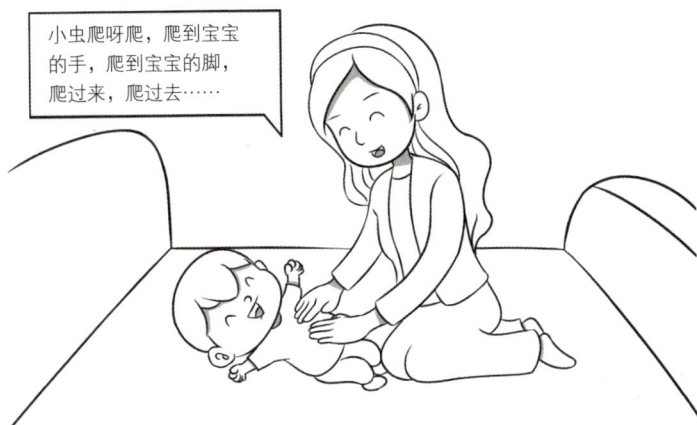

> 小虫爬呀爬，爬到宝宝
> 的手，爬到宝宝的脚，
> 爬过来，爬过去……

温馨小贴士：妈妈动作要轻柔，不要只局限于孩子的手和脚，可
轻触抚摸孩子全身的皮肤。

第二步：妈妈还可以给孩子的脚心和手心做按摩，适当按摩孩子
的手脚心有利于血液循环和气机运行。

温馨小贴士：妈妈与孩子亲密的肌肤接触是孩子建立安全感的良
好开始，能降低孩子适应新环境的焦虑，给孩子的大脑发育一个良好
的刺激与体验。

🧠 拓展练习

孩子在出生5～6个月后，触觉变得更加敏锐，开始排斥陌生人的拥抱和抚摸，对妈妈的抚摸与拥抱会感觉快乐与舒适，妈妈可以适时增加对孩子的触觉训练。

● 推荐游戏：给孩子擦身体

方法提示：这个小游戏适合触觉敏感或迟钝的孩子，妈妈可以用柔软的毛巾轻擦孩子的手臂、脚、胸和背部，力度要适中，在给孩子擦身体的过程中，妈妈可以边讲故事边训练。这个小游戏可以直接刺激孩子的皮肤，活化触觉接收器，还有脱敏的效果。

趣味链接 我和大脑有个约会 ◁

脑电波密码（五）——决定睡眠质量的δ波

脑电波δ波的频率为1～3Hz，幅度为20～200μV。人的睡眠质量好坏与δ波有直接的关系，δ波睡眠是一种无梦的深沉睡眠状态，辗转难眠时，如果能让自己召唤出近似δ波边缘状态，就能够很快地摆脱失眠并进入深沉睡眠。对于成人而言，δ波只在睡眠时出现，如果在非睡眠时出现则属异常，而婴幼儿在非睡眠时也会出现δ波。

有趣的风铃——培养孩子的听觉能力

　　听觉能力对于孩子的右脑发育同样十分重要，孩子出生后是否有丰富的听觉环境刺激，影响着孩子的听觉能力、语言能力和智力的发展。

右脑训练

● 准备

1. 游戏名称：有趣的风铃！

2. 游戏目的：让孩子感受风铃发出的悦耳的声音，促进孩子听觉能力的发育。

3. 适合年龄：7个月以上。

4. 游戏道具：风铃。

●步骤

第一步：妈妈在室内悬挂一串风铃，抱着孩子触碰风铃，使其发出清脆悦耳的声音，引起孩子的好奇心。

温馨小贴士：刚出生的孩子不仅有听力，还偏爱轻柔、旋律优美、节奏鲜明的声音和曲调。

第二步：妈妈让孩子抓住风铃，并轻轻摇动孩子的手，让风铃发出清脆的声音，然后让孩子自己触碰风铃，这时孩子会非常兴奋。

温馨小贴士：孩子抓住并摇晃风铃，悦耳的声音不仅可以刺激孩子的听觉能力，还能锻炼孩子的抓握能力。

第三步：妈妈可以在孩子的小床上方，悬挂一串颜色鲜明的风铃，让孩子自己玩耍。

温馨小贴士：0~1岁的孩子对鲜明的颜色很敏感，这样做可以同时刺激孩子的听觉、视觉和触觉能力。

拓展练习

培养孩子将声音和事实联系起来的能力，有助于孩子感知声音和理解声音，妈妈应该在生活中多为孩子创造一些这样的机会，以促进孩子声音感知能力的发展。

●**推荐游戏：敲敲杯子，敲敲碗**

方法提示：妈妈在给孩子喂奶前，可以有意识地用勺子敲一下碗或者杯子，让孩子听清楚声音之后再喂奶，这样孩子慢慢就会将声音和吃奶联系起来，从而培养孩子的听觉感知能力和理解能力。

趣味链接 我和大脑有个约会 ◁

脑电波密码（六）——脑电波与情绪

人的大脑和情绪紧密相关。当脑电波处于α波时，人的心理状态会呈现出安宁、轻松、愉悦、祥和、友善、宽容、积极的情绪。因此，帮助孩子控制情绪的法宝就是，将脑电波控制在频率范围为8~13Hz的α波。例如，听一听频率舒缓的音乐，静坐一会儿。

神奇的手影——训练孩子的创造思维能力

陪孩子玩手影游戏可以锻炼孩子的右脑，提高孩子的形象思维能力。每一次手影的变化，都能给孩子的右脑带来一连串富于魅力的想象，启发孩子根据手部姿势的变化不断推出影子的形象。

右脑训练

● 准备

1. 游戏名称：神奇的手影。

2. 游戏目的：训练孩子的创造思维能力。

3. 适合年龄：8个月以上。

4. 游戏道具：一盏台灯。

● 步骤

第一步：妈妈准备好一盏台灯，台灯要与墙壁保持合适的距离，调节好室内光线，然后让孩子观察墙壁，妈妈变换手势，让墙壁上显示出不同的手影，如小鹿、小狗、小鸟等。

温馨小贴士：妈妈可以一边移动手的位置使影子慢慢向孩子靠近，一边说："小狗狗要来抓你喽！"以此来引起孩子的兴趣。

第二步：妈妈引导孩子自己玩手影游戏，孩子可能会挥舞着胳膊，看着墙上乱动的影子很兴奋，妈妈可以鼓励孩子自己尝试做各种手臂姿势，观察墙上影子的变化。

温馨小贴士：孩子的小手一开始可能没那么灵活，妈妈要慢慢教他用手指变影子，但不要干涉太多，要给孩子自由想象的空间。

🧠 拓展练习

　　孩子右脑的创造思维如果仅靠自然形成，发育就会相对缓慢，通过合理的思维方法，就像给孩子的大脑插上一双翅膀，使孩子的创造思维能力得到迅速发展和提高，从而大大提高智力水平。

● 推荐游戏：手影练习课

　　方法提示：妈妈根据下图引导孩子练习手影，训练孩子手脑的协调能力和右脑的想象力，同时，妈妈可以指导孩子变换手部姿势，但不要限制孩子自由发挥的能力，妈妈要多鼓励、少参与，多引导、少管束。

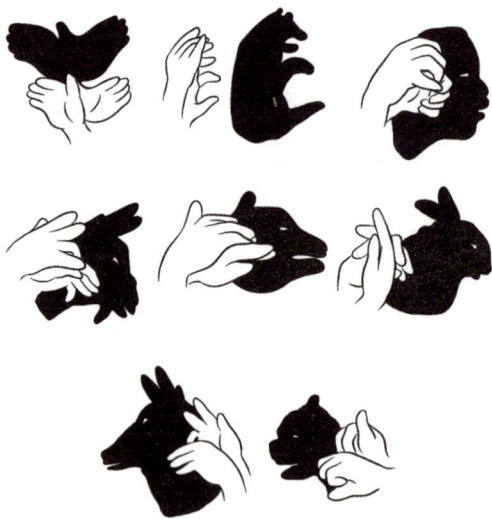

趣味链接 我和大脑有个约会 ◁

脑电波密码（七）——脑电波与记忆力

孩子学习总是静不下心来，学习效率极低，是因为孩子的注意力不集中，还是其他原因造成的呢？美国快速学习先驱韦伯指出，大脑在白天清醒状态下通常为β波，对我们白天的活动很有好处，但会抑制大脑进入更深层面。而大脑在α波与θ波状态下，会拥有非凡的记忆力、高度专注力和不同寻常的创造力。

我在哪儿? ——空间知觉能力训练

所谓空间知觉能力,就是人们对客观事物的空间形式进行观察、分析和抽象思维感知、感觉的能力。这种能力的特点是在幼儿头脑中构成观察对象的空间形式和简明结构,形成一种立体观念,是人的右脑技能。

右脑训练

● 准备

1. 游戏名称:我在哪儿?

2. 游戏目的:训练孩子的时间、空间知觉能力。

3. 适合年龄:6个月以上。

4. 游戏道具:一块干净的毛巾或手帕。

● 步骤

第一步：妈妈准备一块干净的毛巾或者手帕遮住自己的脸，问孩子："妈妈去哪儿了？"然后把毛巾或手帕从脸上拿下来，对孩子说："妈妈在这儿呢！"

温馨小贴士：6~8个月的孩子已经能够理解从眼前消失的东西仍然存在。

第二步：妈妈用毛巾遮住孩子的脸，说："你去哪儿了？"然后妈妈把毛巾从孩子脸上拿下来，对孩子说："原来宝宝在这儿呢！"

温馨小贴士：6个月的孩子，会对物体的空间特性发生改变感到好奇，这种好奇会刺激孩子的空间想象力，促进右脑的发育。

拓展练习

经常和孩子玩捉迷藏游戏，可以很好地满足孩子的好奇心，让孩子感受到新鲜和快乐，从而促进孩子右脑的空间与时间知觉能力的发展。

● 推荐游戏：捉迷藏

方法提示：根据孩子的年龄，妈妈可以自行选择游戏的难易程度，对不满1岁的孩子，妈妈应以主动引导为主，1岁以后应以互动为主。

趣味链接 **我和大脑有个约会** ◁┄┄┄┄┄┄┄┄┄┄┄┄┄┄┄┄┐

脑电波密码（八）——四个挡位的小跑车

大脑的四种脑电波就像汽车的四个挡位，不同挡位发挥着不同的作用。大脑的这"四个挡位"就像开车一样，不能只用一个挡位去跑，也不能直接从一挡挂到四挡。举个例子，现在大多数人从起床到工作，脑电波从睡眠状态的δ波直接进入β波，就像汽车从一挡直接挂到了四挡，大脑很容易疲劳，产生焦虑、紧张、易怒等不良情绪，使得工作和学习效率降低。

CHAPTER 3

1～2岁，帮孩子激活右脑的非凡潜能

孩子1岁以后，智力与体能都有了较大提升，已经开始尝试站立，用行走的方式来开阔自己的视野，开始学着表达自己的情绪与要求，也有了与人交往的兴趣和需求。孩子在这个阶段右脑十分活跃，父母应该注重对孩子的观察、模仿、手脑协调、语言表达、创造思维等能力的培养，这样有益于孩子右脑潜能的开发和左右脑运用的平衡。

拼图成方圆！——培养孩子的图形认知能力

孩子在1岁左右，精力旺盛，好奇心强，这个阶段加强对孩子图形认知能力的培养，如引导孩子分辨物体的大小、形状等，可以有效地激发孩子的右脑潜能。

右脑训练

● 准备

1. 游戏名称：拼图成方圆！

2. 游戏目的：培养孩子的图形认知能力。

3. 适合年龄：1岁以上。

4. 游戏道具：剪刀、硬纸板、圆规、尺子。

● 步骤

第一步：找一个干净的硬纸板，利用圆规、尺子和剪刀，剪一个圆形和一个正方形，再将这两个图形分别剪成两半，然后混在一起。

温馨小贴士：图形要规则，给孩子以美感，因为每个孩子都有追求完美的天性。

第二步：先让孩子自己发挥，看他能拼出什么图形来，然后妈妈把拼好的圆形和正方形拿给孩子看，并告诉孩子"这个是圆形，这个是正方形"，再引导孩子重新拼图。

温馨小贴士：在游戏过程中，剪刀、圆规等工具要及时收好，以免伤到孩子。

拓展练习

面对1~2岁的孩子，妈妈们可以将自己平时用的一些安全的小器物给孩子当玩具，让孩子了解这些器物的形状、颜色、大小及用途等，这对于提高孩子的图形认知能力十分重要。

● 推荐游戏：图形大作战

方法提示：妈妈可以准备一些圆形、正方形、三角形的纸板，反复对孩子进行图形认知训练。例如，妈妈可以用三角形的角轻触孩子的手，让孩子感知三角形的特征。妈妈也可以准备正方形的折纸，折成不同形状，引起孩子的兴趣，强化孩子对图形的感知。

趣味链接 我和大脑有个约会

大脑记忆密码（一）——天才VS笨蛋

利用1小时的时间看一部片长为1小时的电影，再利用1小时的时间背诵一篇1000字的文章。你会发现绝大多数人都能对电影里的画面、内容，甚至某些经典台词记忆犹新，而对于1000字的文章很难背诵下来。这主要是因为客观的外在事物都会在大脑中形成一个影像，而电影的影像显然要比单纯的文字丰富生动得多，因而更加容易记忆。

蝴蝶飞飞——培养孩子的乐感与肢体协调能力

音乐和舞蹈是人们表达情感的一种形式，让孩子从小感受音乐与舞蹈的韵律美，可以激发孩子右脑潜在的创造力，让孩子的生命充满活力。

右脑训练

● 准备

1.　游戏名称：蝴蝶飞飞！

2.　游戏目的：让孩子感知音乐与舞蹈的韵律美感。

3.　适合年龄：1岁8个月。

4.　游戏道具：乐曲播放器材。

● 步骤

第一步：妈妈教孩子唱儿歌，并配合儿歌示范动作。

蝴蝶飞飞

蝴蝶蝴蝶飞飞，宝宝宝宝追追，

青蛙青蛙跳跳，宝宝宝宝笑笑。

温馨小贴士：孩子一开始可能对动作、节奏与儿歌的联系都不能很好地理解，所以妈妈们要有足够的耐心。

①蝴蝶蝴蝶飞飞
动作：两手在体侧平举，上
　　　下摆动

②宝宝宝宝追追
动作：双手握拳，在身体两
　　　侧摆动，做奔跑状

③青蛙青蛙跳跳
动作：曲臂，双手手掌向
　　　前，上下跳动

④宝宝宝宝笑笑
动作：双手握拳，食指指向
　　　脸蛋，头部左右摆动

第二步：播放音乐，妈妈和孩子一起跟着音乐节奏做动作。

温馨小贴士：乐曲选择要符合孩子的年龄特点，选择与生活接近的曲目。

拓展练习

儿歌配合游戏，可以丰富孩子体验美、创造美的能力，提升大脑的反应水平与肢体的协调能力。

● 推荐游戏：敲手鼓

方法提示：妈妈给孩子准备一个小手鼓，开始时，孩子可能会乱敲一气，等孩子熟悉以后，可以配合儿歌，引导孩子逐渐敲击出节奏感。多次练习以后，孩子就可以为自己熟悉的儿歌伴奏了。

趣味链接　我和大脑有个约会 ◁

大脑记忆密码（二）——有意识记忆VS无意识记忆

每个人的大脑都拥有扫描记忆的能力，这种记忆属于无意识记忆。上一节我们提到过的看电影，就属于无意识记忆。看电影时，我们并没有有意识地去记忆电影里的内容，但是大脑会通过眼睛、耳朵反馈的信息做潜意识记忆，这种记忆效率极高，保持时间长。而我们有意识地去记忆某些信息时，哪怕记一个电话号码，都会觉得很困难。

小小侦察兵——训练孩子的空间知觉能力

　　孩子在1岁后，开始有了一定的空间意识，可以逐渐将物品与周围的环境建立起联系，有了远近、高低的概念，妈妈们要抓住时机，适时地进行引导，促进孩子右脑智能的开发。

右脑训练

● 准备

1. 游戏名称：小小侦察兵！

2. 游戏目的：训练孩子右脑的空间智能。

3. 适合年龄：1岁6个月。

4. 游戏道具：准备两三个孩子经常玩的玩具。

● 步骤

第一步：妈妈准备两三个孩子经常玩的玩具，然后把玩具藏起来，让孩子扮演侦察兵，寻找藏起来的玩具。

温馨小贴士：空间知觉能力包括对距离和体积的判断能力，也是孩子最喜欢的游戏方式之一。妈妈可以引导孩子说："宝宝现在是小小侦察兵了，宝宝的小熊不见了，快去找找在哪里。"

第二步：对孩子进行方位提示，引导孩子到屋子里的各个地方去寻找。如"布娃娃在沙发附近出现过，你能找到它吗？"。

温馨小贴士：这个游戏能让孩子在有趣的"侦察"中感知空间。

拓展练习

扔沙包游戏可以锻炼孩子对空间距离的判断能力，既能开发孩子右脑的空间认知能力，又能锻炼孩子的手眼协调能力。

● 推荐游戏：扔沙包

方法提示：妈妈可以给孩子做一个小沙包，与孩子一起到户外玩扔沙包游戏。妈妈事先准备好一个大一点的纸箱子，放在离孩子一米左右的地方，让孩子试着将沙包扔进纸箱里。妈妈要及时给予孩子鼓励、引导和表扬。

趣味链接　我和大脑有个约会 ◁┄┄┄┄┄┄┄┄┄┄┄┄┄┄

大脑记忆密码（三）——养成良好的记忆习惯

有的人记忆力好得惊人，有的人记忆力却非常差，这真的是天生如此吗？事实并非如此，我们人类的大脑是一个由约140亿个神经元组成的繁复的神经网络，不存在谁比谁差的问题，而形成记忆能力差别的原因在于我们日常养成的记忆习惯。孩子从小接受右脑训练，不断优化记忆方法，养成良好的记忆习惯，记忆能力就会不断增强。

捡豆子——锻炼孩子的手脑协调能力

手是孩子感悟世界的重要器官，手受大脑支配，又直接影响大脑。动手与动脑结合的互动游戏可以最大限度地调动孩子更多的感觉器官，激发孩子右脑的潜能。

右脑训练

● **准备**

1. 游戏名称：捡豆子。

2. 游戏目的：锻炼孩子的手脑协调能力和手的灵活性。

3. 适合年龄：1岁5个月。

4. 游戏道具：准备一些可食用的小豆子。

● **步骤**

第一步：妈妈将准备好的豆子撒在地板上，告诉孩子："宝宝帮妈妈把豆子捡到碗里好吗？"然后和孩子一起将豆子一颗一颗地捡起来。

温馨小贴士：引导孩子利用手指，把豆子一颗一颗捡起来，同时要注意照顾好孩子，别让孩子把豆子放进嘴里。

第二步：孩子逐渐熟悉了捡豆子的方法后，妈妈要告诉孩子："这是小豆子，都是圆圆的。"等到豆子全都捡到碗里后，可以再撒到地板上，让孩子再捡一次。

温馨小贴士：如果地板上的豆子捡起来很费劲，妈妈可以将豆子撒在床上或者其他相对较软的地方。

🧠 **拓展练习**

著名儿童教育家蒙台梭利说："孩子第一次伸出自己的小手，代表自我要努力融入这个世界之中。"手脑协调训练，可以让孩子的大脑思维更加活跃，激发孩子右脑的空间想象力和左脑的逻辑思维能力，这有益于孩子左右脑平衡发育。

● **推荐游戏：学习翻书**

方法提示：妈妈可以把书拿给孩子玩，最好是图画较多的，刚开始妈妈可以教孩子正着看书，然后再教孩子怎样翻书、合书，等孩子手指灵活了以后，再引导孩子一页页地翻书。让孩子从小接触书本，不仅能锻炼孩子手脑的协调能力，还能让孩子对读书产生兴趣。

趣味链接 **我和大脑有个约会** ◀

大脑记忆（四）——短期记忆

短期记忆是大脑记忆的一种类型，短期记忆对信息的储存时间较短，储存的容量也很有限。在未经复述的情况下，大部分信息在短期记忆中保持的时间通常为5～20秒，最长不超过1分钟。想要长期保持短期记忆的信息，就要不断加以复述，让即将消失的微弱信息重新强化，变得清晰、稳定，再经过精细的复述转入长期记忆中加以保持。

对号入座——培养孩子的视觉认知能力

　　右脑发育与视觉发育密不可分，有效的视觉刺激可以提升孩子的视觉敏感度，让孩子能够更清晰地接收外界信息，促进右脑向更高级发展。孩子的视觉发育，需要行之有效的视觉训练。

右脑训练

● 准备

1. 游戏名称：对号入座。

2. 游戏目的：训练孩子的视觉及图形认知能力。

3. 适合年龄：1岁3个月以上。

4. 游戏道具：铅笔、两张白纸、尺子、剪刀。

● 步骤

第一步：妈妈在一张白纸上分别画一个正方形和一个三角形，并告诉孩子图形的名称。

温馨小贴士：用丰富多样的图案刺激孩子的视觉，可以加速孩子大脑视觉区的成长，启发高层次的认知发展。

第二步：妈妈用另一张纸剪下同样大小的一个正方形和一个三角形，让孩子拿着剪好的正方形和三角形，在上一张纸上找出对应的图形。

温馨小贴士：孩子慢慢熟悉了游戏规则后，可以将游戏逐渐复杂化、多样化。

拓展练习

根据孩子不同阶段的视觉发育特点，借助视觉游戏对孩子进行视觉刺激，可以更好地开启孩子右脑的智力。例如，可以让孩子从给小动物涂色开始做起。

● 推荐游戏：给小动物涂色

方法提示：给孩子准备两幅相同的画，一幅有颜色，一幅没有颜色，让孩子对照有颜色的小动物，用彩色笔为没有颜色的小动物涂色。这个小游戏对训练孩子的视觉反应能力很有帮助。

趣味链接 我和大脑有个约会 ◁

大脑记忆密码(五)——长期记忆

长期记忆与短期记忆不同,长期记忆可以保持几天甚至几年的时间,短期记忆则是神经连接的暂时性强化,通过巩固后可变为长期记忆。短期记忆转化为长期记忆需要大脑内部发生一些改变,用以保护记忆免受竞争性刺激的干扰和破坏,这个获取永久性记忆的过程,又被称为巩固。

做熊猫——培养孩子的创意能力

双手就像大脑的"老师"，手的动作越精巧、越娴熟，就越能在大脑皮质建立更多的神经联系，从而使大脑变得更聪明。

右脑训练

● 准备

1. 游戏名称：做熊猫！

2. 游戏目的：培养孩子的想象力和创造力。

3. 适合年龄：1岁7个月。

4. 游戏道具：橡皮泥。

● 步骤

第一步：将两块大小相等的白色橡皮泥揉成两个圆球。

温馨小贴士：用橡皮泥做手工，可以激发孩子的想象力，无论孩子的动手能力强不强，孩子的右脑都已经开始工作了。

第二步：然后再取两小块黑色橡皮泥捏成耳朵，粘在其中一个圆球上面。

温馨小贴士：在游戏过程中，妈妈要引导孩子想象熊猫的样子，例如："熊猫的耳朵是什么颜色的啊？头是什么样子的？"

第三步：取两小块黑色橡皮泥，捏成椭圆形的眼圈，再捏个半圆形做嘴，贴在两只眼睛的中下部，这样，熊猫的头就做好了。

温馨小贴士：在游戏过程中，引导孩子找准熊猫的五官位置，比孩子完成一件作品更重要。

第四步：用黑橡皮泥做成四条腿，粘在另一个白色圆球上，再将两个白色圆球粘在一起，熊猫就做好了。

温馨小贴士：身体连接处，可用火柴棍或牙签来固定，但是要注意避免牙签刺伤孩子。

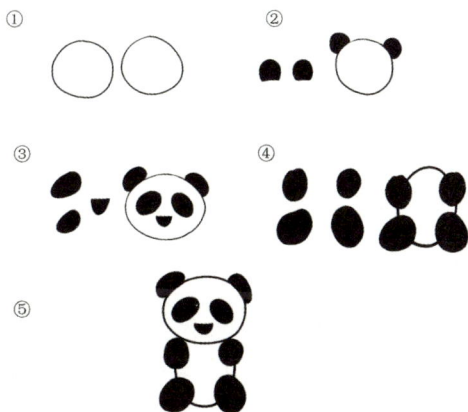

拓展练习

骨牌游戏可以很好地开发孩子的观察力和想象力，更重要的是，骨牌游戏还可以锻炼孩子的耐心和意志力，是一项简单而有效的游戏项目。

● 推荐游戏：骨牌游戏

方法提示：妈妈先将骨牌摆好，让孩子推一下，引导孩子观察连锁反应。引起孩子的兴趣后，再教孩子怎样去摆放骨牌，这个过程中，要让孩子自己多动手，多观察，循序渐进地培养孩子的探索精神和意志力。

趣味链接 我和大脑有个约会

大脑记忆密码（六）——虚假记忆

我们大脑的记忆都是真实可信的吗？答案是不一定。因为我们每个人的大脑都有可能产生虚假记忆，而且，虚假记忆会让我们坚信这段记忆是真实的，甚至对大脑编造的谎言信以为真。虚假记忆是指大脑记忆的信息之间自动地组合导致不真实的回忆，特别是关于童年时期亲身经历的场景的记忆，会在不经意间产生一些记忆上的错觉，大脑会用真实细节充实虚假记忆。虽然记忆并不是完全可靠的，但并不是不能解决的。

走出迷宫——训练孩子的空间智能

孩子玩游戏时，妈妈的参与、引导与陪伴可以给孩子最大的安全感，让孩子全身心地融入快乐的情绪中，让右脑潜能得到最大限度的开发。

右脑训练

● 准备

1. 游戏名称：走出迷宫。

2. 游戏目的：培养孩子右脑的空间感知能力。

3. 适合年龄：1岁8个月以上。

4. 游戏道具：儿童泡沫地板垫。

● 步骤

第一步：妈妈准备一些泡沫地板垫或者硬纸板，给孩子做一个简易的迷宫，在迷宫的出口放一个玩具。

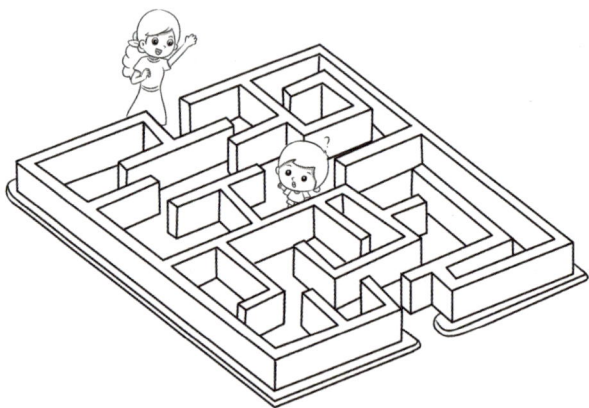

温馨小贴士：刚开始做时，迷宫不要设置得太复杂，线路要清晰、容易分辨。

第二步：引导孩子从入口处走入迷宫，不能跨越障碍，孩子找到出口拿到玩具时，妈妈要及时给予奖励。

温馨小贴士：随着孩子逐渐熟悉迷宫，可以逐渐增加难度。

🧠 拓展练习

人类右脑的储存量是左脑的1万倍，右脑的记忆潜能是左脑的100万倍。在现实生活中，人们习惯了使用左脑，右脑潜能并没有被充分开发。孩子诸多玩具中的小小的积木，可以让孩子感受到空间的变化，对孩子右脑空间潜能的开发十分有效。

● **推荐游戏：搭积木**

方法提示：妈妈可以引导孩子观察积木，并按照形状或大小顺序排列出来，然后从孩子排列好的积木中取出一块，让孩子重新插入，借此锻炼孩子的空间观察能力。然后，引导孩子自由发挥，搭建各种形状，让孩子逐渐在大脑中形成立体空间的概念。

趣味链接　我和大脑有个约会

大脑记忆密码（七）——美妙的回忆

记忆之所以存在，是因为构成大脑的分子、细胞和突触能够记录时间。人的每段感觉经历都会激发神经元细胞的变化，改变它们相互联结的方式。如果有一天，大脑丧失了回忆功能，将会变成什么样子？你最愉快的回忆是什么：赢得一场精彩的比赛？穿上婚纱的那一刻？孩子降生的那一天？这些在大脑中都不是简单的画面，而是包含了气味、色彩、声音和情绪等。可以说，我们人类的大脑由回忆构成，回忆又会不断重塑大脑。

石子交响乐——激活孩子的右脑才艺

　　经常让孩子听音乐，对孩子进行节奏感、韵律感训练，对开发孩子的右脑潜能、平衡左右脑功能有着非常显著的效果，能够让左右脑将彼此分散的潜意识和众多孤立的信息组合起来，进一步形成创造力。

右脑训练

● 准备

1. 游戏名称：石子交响乐。

2. 游戏目的：让孩子感知节奏和表达兴奋的情绪。

3. 适合年龄：1岁2个月。

4. 游戏道具：饮料瓶、小石子。

● 步骤

第一步：孩子对形状各异、颜色不同的小石子比较有兴趣，所以妈妈可以带着孩子捡一些小石子回来，清洗干净，顺便准备两个空的饮料瓶。

温馨小贴士：带着孩子捡石子，不仅可以让孩子亲身体验这个世界，还能让亲子关系更加融洽。

第二步：试着让孩子将小石子慢慢放入饮料瓶中，拧好盖子。

温馨小贴士：这一步可以训练孩子的手眼协调能力和肢体触觉。

第三步：和孩子一起有节奏地晃动瓶子，并试着打拍子，此时可以播放节奏明快的音乐，让孩子一边听一边跟着音乐的节奏晃动瓶子，以提升孩子右脑的音乐智能。

温馨小贴士：跟着音乐的节奏打拍子，孩子会非常兴奋，这有利于孩子表达兴奋的情绪。

拓展练习

单纯地朗诵儿歌，孩子的兴趣可能不大，如果配合音乐就不一样了。妈妈可以将生活中很多难记、难懂的信息编成歌谣，配合音乐让孩子加深记忆，时间久了，孩子就会养成良好的记忆习惯。

● 推荐游戏：读儿歌

方法提示：妈妈可以先放音乐吸引孩子的注意力，引导孩子欣赏优美的音乐，然后和孩子一起朗诵儿歌。这不仅是一种简便易行、行之有效的记忆方法，孩子也更容易感受韵律和节奏。

趣味链接 我和大脑有个约会

　　大脑记忆密码（八）——大脑是个"爱吃糖的小孩"

　　大脑约有140亿个神经细胞，近9000亿个脑神经胶质细胞，这些脑神经胶质细胞产生的能量能够点亮一盏20瓦的灯泡。大脑每天的消耗需要大量的能量供应。由于"血脑屏障"的存在，血液中的脂肪和氨基酸很难进入大脑供应能量，所以为大脑供应能量的任务就落在了葡萄糖的身上。可以说，大脑就像一个"爱吃糖的小孩"，不断地从流经大脑的血液中摄取糖分。但是糖分摄取过量，会降低大脑神经细胞的活力，影响思考和记忆力。所以，虽然大脑"爱吃糖"，但不能摄取过量。

CHAPTER 4

2~3岁，开启孩子海绵一样的右脑记忆

孩子满2岁后，大脑神经细胞突触发展到最高峰，到了3岁左右，大脑活跃程度是成年人的两倍。这个阶段是孩子智力的飞跃期，所以妈妈们要注重孩子右脑的可塑性培养，为右脑智能和良好的记忆习惯奠定坚实的基础。

小花猫捉老鼠——培养孩子的肢体协调能力

孩子2岁以后，大脑机能开始逐渐发挥作用，可以自己控制大小便，可以按照妈妈的要求控制自己的行动，开始有了自己的思维与个性，妈妈要抓住这一时期，用合理的肢体运动游戏来刺激孩子右脑的良性发育。

右脑训练

● 准备

1. 游戏名称：小花猫捉老鼠。

2. 游戏目的：通过攀登、下蹲等动作，锻炼孩子的肢体平衡能力。

3. 适合年龄：2岁2个月左右。

4. 游戏道具：白纸、彩笔、剪刀。

● 步骤

第一步：妈妈用彩笔画几只小老鼠，剪下来摆到台阶上，对孩子说："宝宝是小猫咪，台阶上有老鼠，宝宝赶紧上去捉老鼠呀。"

温馨小贴士：台阶选择不宜过高，摆放两三只"老鼠"即可。

第二步：妈妈教孩子自己走上台阶，蹲下身去抓老鼠，再从台阶上自己走下来。妈妈要注意保护孩子，但不要扶他。

温馨小贴士：注意安全，不要让孩子从台阶上摔下来，不要干涉孩子。

拓展练习

孩子2岁以后，逐渐熟悉了走路，喜欢跑来跑去，对什么事都有着强烈的好奇心，妈妈可以趁这个时候，训练孩子精细动作的能力，促进大脑机能的发育。

● 推荐游戏：甩个圈圈

方法提示：妈妈可以找一根粗线，拴住一个带环的棉绒小玩具，妈妈拿着粗线的一头，将玩具顺时针或逆时针旋转一圈，让孩子观察。然后，引导孩子自己甩个圈圈，妈妈在一旁指导孩子运用手腕的技巧。

趣味链接 我和大脑有个约会

大脑的小秘密（一）——大脑感觉不到疼痛

疼痛感受器将信号传递给脊髓和大脑，大脑随之发出危险警告，我们就会感受到疼痛。但是，我们的大脑内部没有疼痛感受器，所以我们的大脑是感觉不到疼痛的。因此，外科医生能够在患者仍保持清醒的时候进行脑外科手术，不破坏任何视觉和运动控制功能。

旋转的降落伞——拓展孩子的视觉能力

　　视觉是大脑获取信息的主要渠道，拓展孩子的视觉能力，给孩子有效的视觉刺激，将视觉感知与身体感知相结合，是激活孩子右脑潜能最有效的方法。

右脑训练

● 准备

1. 游戏名称：旋转的降落伞。

2. 游戏目的：刺激孩子的视觉能力发展，锻炼身体的平衡能力。

3. 适合年龄：2岁以上。

4. 游戏道具：降落伞。

● 步骤

第一步：制作或购买一个儿童游戏用降落伞。爸爸、妈妈和孩子分别抓住降落伞的一个角，慢慢地向着顺时针方向旋转，孩子要保持身体平衡。

温馨小贴士：妈妈可以根据孩子自身的年龄和发育情况来决定游戏的难度。

第二步：等到孩子适应后，爸爸、妈妈可以加快速度，提高难度。稍作休整后，再向着逆时针方向旋转，继续考验孩子大脑的平衡能力。

温馨小贴士：加快降落伞转速的前提是，孩子可以在匀速时掌握调整身体姿态的能力。

![脑]拓展练习

　　观察绘画作品也是训练孩子右脑的一种方式。当孩子目不转睛地注视绘画作品时，他的右脑就会保持工作状态。

　　● 推荐游戏：看图猜乐器

　　方法提示：引导孩子观察下图，并说说从图中能看到什么乐器，然后动手画一画。

趣味链接 **我和大脑有个约会** ◀

大脑的小秘密（二）——无法再生的神经元

人的大脑大约拥有1000亿个神经细胞，如果将这些细胞排成一条直线，长度接近1000千米。然而，由于神经细胞是高度分化的细胞，所以无法再生。随着孩子大脑的发育，新生神经元的形态逐渐生长为成熟的神经元形态，到了7岁左右，就基本不会再产生新生神经元了。

闪卡训练——培养孩子的瞬间记忆能力

　　闪卡游戏是激活孩子右脑的一种非常有效的方法, 只要让孩子快速、大量地看闪卡, 就能激活孩子右脑的快速照相能力。当孩子的左脑无法处理如此快速大量的信息时, 就会把这项任务交给右脑。

右脑训练

● 准备

1. 游戏名称: 闪卡训练。

2. 游戏目的: 培养孩子的瞬间记忆力、识别力。

3. 适合年龄: 2岁以上。

4. 游戏道具: 大小、颜色适合的字卡和各种百科图卡50~200张。

●步骤

第一步：进行闪卡训练之前，妈妈要选择一个安静、无干扰的环境，保持心情愉快，对孩子说："我们要开始闪卡游戏了！"

温馨小贴士：和孩子玩闪卡游戏，妈妈事先做一些练习是必要的。

第二步：孩子准备好以后，妈妈将卡片快速地闪给孩子看，并让孩子大声说出卡片的内容，在孩子意犹未尽时收起卡片，连续三次，每次只进行几秒钟即可。

温馨小贴士：在玩闪卡游戏过程中，妈妈要将图画和语言信息准确地同时传达，在孩子希望停止前停止。

拓展练习

闪卡训练是为了开发孩子的右脑，而不是单纯记忆图片。因此，闪卡游戏要尽可能在保证孩子看清楚的情况下，加快图片的闪示。右脑摄取信息的速度非常快，如果孩子看图慢，左脑就会参与进来，训练效果就会大打折扣。

●推荐游戏：看看少了哪一张

方法提示：妈妈准备三张画有不同小动物的卡片，让孩子用3秒钟记住这三张卡片，然后让孩子闭上眼睛，妈妈拿走一张，让孩子看看少了哪一张。在游戏中，妈妈可以根据孩子的能力，逐渐增加卡片的数量。

趣味链接　我和大脑有个约会 ◁

大脑的八个小秘密（三）——切断与改造

孩子的大脑在婴儿期会主动"切断"那些不需要的神经联结。简单说就是，孩子在2岁前，大脑会自行判断并"切断"那些认为没用的神经联结。到了青春期，随着大脑结构的不断优化和改变，思维方式也变得完全不同，这是因为大脑的结构已经完全改变了。

画一画，贴一贴——提高孩子对图形的认知能力

右脑记忆以形象记忆为主，包含形状认知力和类型识别力。3岁前是人的一生中右脑最活跃的时期，通过认知简单的图形、绘画，可以充分开发孩子右脑的潜能，为孩子将来的学习奠定基础。

右脑训练

● 准备

1. 游戏名称：画一画，贴一贴。

2. 游戏目的：提高孩子对图形的认知能力。

3. 适合年龄：2岁8个月以上。

4. 游戏道具：带花朵的风景画、白纸、剪刀、彩笔、胶水等。

● 步骤

第一步: 妈妈出示一张带有花朵的风景画, 告诉孩子游戏的规则, 让孩子观察花朵, 引导孩子在白纸上画出花朵与蝴蝶。

温馨小贴士: 培养孩子的观察力与想象力, 引导孩子说出自己的想法。

第二步: 引导孩子按照下图画蝴蝶, 蝴蝶的数量和姿态可以让孩子自己决定。

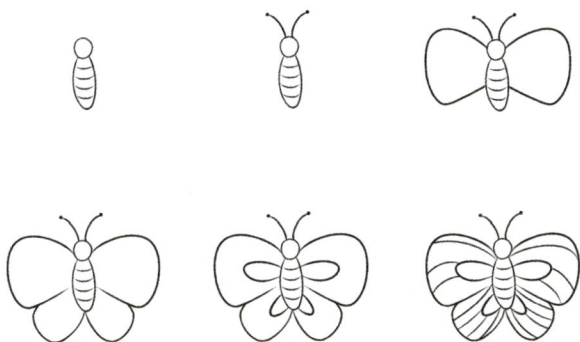

温馨小贴士: 妈妈可以指导孩子画蝴蝶的步骤和方法, 允许孩子画出不同样式的蝴蝶。

第三步: 引导孩子根据花朵的颜色给画好的蝴蝶涂色, 然后将蝴蝶剪下来, 用胶水粘在风景画的花丛中。

温馨小贴士: 这个小游戏的主要目的是锻炼孩子的观察力、

记忆力、想象力和动手能力，妈妈要注意保护好孩子，不要被剪刀伤到。

拓展练习

注意力专注而短暂是孩子在这一时期的特点，这个阶段的孩子既能快速大量吸收信息，也容易被其他因素干扰。结合孩子的这一天性，妈妈可以通过游戏将图形和情绪结合起来，更好地开发孩子右脑的潜能。

● **推荐游戏：情绪模仿**

方法提示：妈妈可以准备四张硬纸板，在上面画出大笑、微笑、难过、发火四种表情，如下图所示。然后给孩子讲解四种表情代表的含义，并引导孩子逐一模仿图中的表情。

趣味链接 我和大脑有个约会 ◁

大脑的小秘密（四）——大脑有性别之分

男性和女性大脑的工作方式完全不同，在空间选择上也有很大区别，多数女性选择路线时需要更多的参考物。对于目标位置，男性通常会描述为"200米后左转，然后向前走500米后右转"，而女性通常会描述为"白色高楼那里左转，遇到一个花店时右转"。

小猫钓鱼——培养孩子的专注力和空间能力

训练孩子右脑的空间能力，最简单的办法就是经常变换孩子的行走路线，日常散步也要经常变换路线。另外，多陪孩子玩一些有趣的迷宫游戏，不仅可以增强孩子右脑的空间感，还能培养孩子的专注力。

右脑训练

● 准备

1. 游戏名称：小猫钓鱼。

2. 游戏目的：强化孩子的空间感与专注力。

3. 适合年龄：2岁以上。

4. 游戏道具：儿童迷宫图——《小猫钓鱼》。

● 步骤

第一步：向孩子出示迷宫图（如下图所示），并向孩子讲解迷宫游戏的规则。小猫要到池塘钓鱼，它必须拿到钓鱼要用到的所有物品，又不能走重复和交叉的路线，它要怎样走才行呢？

温馨小贴士：引导孩子观察迷宫，如果孩子理解不了，妈妈可以演示一遍。

第二步：引导孩子用铅笔画出小猫从入口走到池塘的路线图，当孩子画对了以后，妈妈要及时给予鼓励，然后再换一幅类似的迷宫图让孩子练习。

温馨小贴士：在游戏过程中，如果孩子走错了路线，妈妈可以这样提醒孩子："那里可是墙哦，小猫可不会穿墙术！""小猫还没拿到鱼饵呢！"

🧠 拓展练习

　　平时，妈妈可以通过画地图的游戏帮孩子建立前、后、左、右等空间概念，开发孩子的右脑潜能。而且还能让孩子尽早接触交通规则，理解道路方向等空间认知。

　　● **推荐游戏：我来画地图**

　　方法提示：妈妈可以利用闲暇时间带着孩子在家的附近散步，边散步边向孩子介绍周围的环境，例如，门口左转有什么，右转有什么，等等。多走几遍，等孩子熟悉以后，和孩子一起画一幅地图。画完地图后，妈妈可以和孩子一起按照地图走一遍，验证地图是否正确。

加油站　　　　电影院

便利店　　　　　　海洋馆

趣味链接 我和大脑有个约会 ◁

大脑的小秘密（五）——智商越高，越爱做梦

大脑在睡觉时更活跃，为什么这么说呢？研究指出，人进入梦乡后，大脑开始处理白天所接收到的信息，这也是人会做梦的原因。大脑会自动筛选信息，将那些没用的信息直接删除，重要的信息会优先储存起来。因此，智商越高的人越容易做梦，而白天适当地休息可以让大脑的工作效率变得更高。

神秘的海底世界——培养孩子右脑的想象力

陪着孩子仰望星空，讲述类似于牛郎织女的神话故事，给孩子的右脑插上想象力的翅膀。

右脑训练

● 准备

1. 游戏名称：神秘的海底世界。

2. 游戏目的：训练孩子右脑的想象力。

3. 适合年龄：2岁8个月。

4. 游戏道具：彩笔、涂色卡片、点连线图画卡片。

● 步骤

第一步：妈妈准备一张与下图类似的涂色卡片，引导孩子涂上不同的颜色，就能看到海底的景象了。

　　温馨小贴士：孩子刚接触这个游戏时，很容易出现乱涂色的现象，所以妈妈要有足够的耐心，不断启发孩子的观察力和右脑的想象力。

　　第二步：妈妈多准备几张海洋生物的儿童点连线图画卡片（如下图），引导孩子按照数字的顺序将每个点用线连接起来，看看会形成什么图案，并为之涂色。

温馨小贴士：由点到线，再由线条构成图案，并为之涂色的过程，可以培养孩子将想象变成现实的能力。

拓展练习

人类的发展离不开想象力，想象力是人类右脑最重要的一项能力，它可以让不可能的事情变成可能。进入想象的世界，孩子的思维会变得更加自由奔放。妈妈尽量不要用合理或者不合理的思维去干涉孩子想象力的发挥。

●推荐游戏：水画

方法提示：准备一张光滑的桌子和一杯清水，然后把一些水倒到桌子上，妈妈先给孩子做一个示范，如用嘴吹、用手弹、拿笔引等，让水变出各种各样的图形来，这个游戏能激发孩子丰富的想象力。

趣味链接 我和大脑有个约会 ◁

大脑的小秘密（六）——疲劳会激发大脑的创造力

当人的身体活动量减少时，大脑的活动量会增大。睡眠时，身体的活动量达到最小，而大脑的活动量反而会增大。也就是说，睡眠时大脑的活动量要大于清醒时大脑的活动量，熬夜或睡眠能够激活大脑的不同区域。令人更吃惊的是，疲劳的大脑反而具有更强的创造力。这也是为什么作家和艺术家们都喜欢在晚上创作的原因。

纸杯电话——提高孩子的创意能力

和孩子一起动手，用纸杯制作"电话"，会极大地引起孩子的好奇心，从而激发孩子右脑的创意能力。

右脑训练

● 准备

1. 游戏名称：纸杯电话。

2. 游戏目的：培养孩子的创造思维。

3. 适合年龄：2岁5个月。

4. 游戏道具：两个纸杯、一根针、一根细棉线。

● 步骤

第一步：用针分别在两个纸杯底部各扎一个小孔，用棉线将两个纸杯连起来，纸杯电话就制作好了。

温馨小贴士：纸杯底部的小孔不宜过大，线的两头穿过纸杯后，打好结即可。

第二步：妈妈和孩子各拿一个杯子，拉开距离后就可以"通电话"了，说话的一方把纸杯放嘴上，收听的一方将杯子扣在耳朵上。

温馨小贴士：先让孩子感受声音的传递，再让孩子对着纸杯说话，这对孩子的听觉能力和语言能力都是良好的启蒙。

拓展练习

玩沙子可以给孩子提供探索与体验的机会。孩子在游戏的过程中不仅可以锻炼动手能力，还能发挥想象力和创造力。在保证孩子安全的情况下，不要对孩子限制太多，而要给孩子自由发挥的空间。

● 推荐游戏：玩沙子

方法提示：妈妈可以为孩子准备一些微湿的细沙和塑料小铲子等工具，让孩子尽情地玩耍。沙子在孩子手中变幻出各种形态，这个过程本身就是对孩子右脑想象力与创造力极大的开发。

趣味链接 我和大脑有个约会 ◁

大脑的小秘密（七）——信息的传送速度不同

大脑神经细胞的排列形式不同，信息传送的速度也不同。正因如此，有时我们可以迅速地想起一件事情，有时却需要很长时间才能想起来，甚至有时需要某种提示性信息才能想起来。

抛球，接球——锻炼孩子的空间智能

空间智能影响孩子认知力的发展，及早培养孩子的空间智能，对其今后各方面智能的发育都有着非常重要的意义。

右脑训练

● 准备

1. 游戏名称：抛球，接球。

2. 游戏目的：锻炼孩子抛物、接物的能力。

3. 适合年龄：2岁10个月。

4. 游戏道具：儿童手抓球。

● 步骤

第一步：妈妈拿着球，与孩子保持70～80厘米的距离面对面站好，准备开始抛接球游戏。

温馨小贴士：妈妈在球的选择方面，要选择柔软、易抓握、大小适中、无毒害的儿童手抓球。

第二步：妈妈先抛球，让孩子伸出双手来接球，然后再让孩子将球抛给妈妈，反复进行。

温馨小贴士：妈妈要把握好游戏的时间，尽量在孩子兴致好的时候玩这个游戏。

拓展练习

将空间感培养与运动结合起来的游戏，是非常适合孩子这个年龄段的，此类游戏不仅能让孩子切身体会空间感，还能锻炼孩子的专注力和手眼的协调性。

● **推荐游戏：挑小木棒**

方法提示：妈妈和孩子面对面坐好，然后妈妈抓一把小木棒，立在桌子上，松开手，小木棒就自然地散落在桌子上了。妈妈先做个示范，用其中散落在一旁的一根小木棒在不碰到其他小木棒的情况下，将桌上散落的小木棒一一挑起，如果碰到了其他的小木棒，就换对方挑。在游戏的过程中，孩子很容易失去耐心，所以最初可以从5根开始，慢慢增加游戏的难度。

趣味链接 我和大脑有个约会 ◁

大脑的小秘密（八）——大脑的超级储存量

吉尼斯世界纪录中，一名英国人只需看一眼就能记住54副洗过的扑克牌，共计2808张牌！还有一位日本记忆大师，他能记住小数点后42 905位数字！人类大脑的储存量是惊人的，虽然我们无法模仿这样惊人的记忆，但是我们可以用这些方法提升自己大脑的记忆力，最大限度地利用自己的脑细胞。

CHAPTER 5

3~4岁，右脑不持续
开发，就会慢慢沉睡

孩子在3岁以前，记忆通常只能保持几天或
几个月，到了3岁以后，孩子记忆的许多信息能
保持几十年甚至终生。如果孩子在3~4岁右脑得
不到持续开发，就会慢慢沉睡，左脑逐渐占主导
地位。这个阶段，妈妈除了注重孩子的智力开发
以外，给孩子一个自由、平等、充满爱的家庭环
境，成为右脑教养和塑造孩子完美性格的关键。

表情传递——培养孩子的交往能力

认识情绪、管理情绪是提升孩子社交智慧的前提，通过游戏训练引导孩子留心观察他人，学习认识情绪，管理好自己的情绪，激活右脑情商，将会让孩子受益终生。

右脑训练

● 准备

1. 游戏名称：表情传递。

2. 游戏目的：培养孩子的交往能力。

3. 适合年龄：3岁。

4. 游戏道具：情绪表情卡片。

● 步骤

第一步：妈妈准备若干张情绪表情卡片，引导孩子观察每个表情代表了什么情绪，并让孩子说一说处于这种情绪下是什么样的心情。

温馨小贴士：引导孩子发挥想象力，理解不同表情代表的情绪和心情，这些都是游戏的关键。

第二步：爸爸、妈妈和孩子围坐成一个圈儿。首先妈妈做一个表情让孩子观察，并让孩子说出妈妈的表情状态。然后让孩子做一个表情，让爸爸描述孩子的表情状态，再由爸爸做一个表情，让妈妈描述爸爸的表情状态，依此轮流进行。

温馨小贴士：游戏过程不只是模仿和传递，妈妈还可以适时地告诉孩子应对这种情绪的方法。

拓展练习

与他人进行语言交流是迈向社交的第一步，尤其是与陌生人交流，可以锻炼孩子的心理素质、应变能力、观察能力等多方面智能。

● 推荐游戏：接电话

方法提示：家里电话响起后，妈妈不妨让孩子去接，教孩子说："您好，请问您找谁？"并回答来电人的问题，学会把电话转给相应的家人。3岁左右的孩子很喜欢打电话，总是缠着妈妈让他接电话，妈妈应该满足孩子对社交的渴望。

趣味链接 我和大脑有个约会 ◁⊲

长期睡眠不足，大脑记忆力会衰退

我们的大脑也需要"关机"休息，这个"关机"就是充足的睡眠。科学研究指出，长期睡眠不足会严重损害大脑的记忆力，严重情况下还可能会诱发阿兹海默症（一种起病隐匿的进行性发展的神经系统退行性疾病）。脑细胞在夜晚的睡眠过程中会移除一些对大脑有害的化学物质，若长期睡眠不足，对大脑的伤害则是非常严重的。

随意涂鸦——锻炼孩子的想象力与右脑才艺

　　涂鸦是开发孩子右脑的重要方式之一，不仅能培养孩子的观察力，还能训练孩子的视觉感受、动手能力等多方面的能力，对右脑的刺激也是多方面的。

右脑训练

● 准备

1. 游戏名称：随意涂鸦。

2. 游戏目的：锻炼孩子的想象力。

3. 适合年龄：3~4岁。

4. 游戏道具：一个大画板、水彩笔或各种颜色的粉笔。

● 步骤

第一步：给孩子准备一块大画板和各种颜色的粉笔或水彩笔。

温馨小贴士：有条件的还可以给孩子准备一面涂鸦墙，没有特定要求，妈妈可根据家庭环境选用便利的方式。

第二步：涂鸦的宗旨是让孩子随心所欲地画，所以妈妈不要干涉孩子怎样画、画什么。可以猜想孩子涂鸦的内容，例如："宝贝画的是不是天上的云朵啊？画得真棒！"孩子涂满画板后，妈妈再引导孩子擦掉，重新涂鸦。

宝贝画的是不是天上的云朵啊？画得真棒！

温馨小贴士：如果是粉笔或颜料涂鸦，妈妈要提醒孩子不要将粉笔末或颜料弄到嘴和眼睛里。

🧠 **拓展练习**

通过游戏的方式，培养孩子对色彩的敏感度、观察力、想象力、记忆力等多方面的右脑能力，并且只有不断地进行练习才会达到预期的效果。

● 推荐游戏：颜色填充

方法提示：妈妈事先准备一些白纸、彩色的卡通动物卡片、彩笔，妈妈可以先让孩子观察2分钟动物卡片，然后将准备好的白纸铺在孩子的面前，妈妈简单地画出动物的轮廓，让孩子根据自己的记忆给动物填充颜色，完成后再和原画进行比对。当然，小小的奖励是必不可少的。

趣味链接 我和大脑有个约会 ◁ - - - - - - - - - - - - - - - - -

长期摄入糖量过高会降低记忆力

前文我们提到过，大脑是个"爱吃糖的小孩"，糖可以为大脑正常工作提供能量。但是，如果长期摄入糖量过高，就会导致记忆力减退、学习能力下降、注意力不集中，过量的糖会损害大脑神经之间的联系。工业制糖对大脑的危害性则更大，如各种软饮料、调味料、食品中都含有工业制糖。平时多吃鱼、坚果可以缓解糖分摄入过多给大脑带来的问题。

看一看，说一说——提高孩子的视觉记忆能力

　　图画书中蕴含着丰富的知识，能极大地吸引孩子的注意力和兴趣，这种有效的视觉刺激能极大地提升孩子的视觉敏锐度，精准地接收外界信息与刺激，促进孩子右脑的发育。

右脑训练

● 准备

1. 游戏名称：看一看，说一说。

2. 游戏目的：刺激孩子视觉记忆能力的发展。

3. 适合年龄：3岁以上。

4. 游戏道具：适合当前年龄的图画书。

● 步骤

第一步：妈妈翻开图画书，指着其中的一页给孩子生动地讲解，

吸引孩子的注意力。

温馨小贴士：每个孩子都喜欢听故事，做个经常给孩子讲故事的妈妈，是促进孩子右脑发育最好的办法。

第二步：当孩子的注意力被吸引过来后，可以让孩子自己翻看图画书，妈妈在旁边给孩子讲解。

温馨小贴士：孩子自己翻看图画书时，会出现快速乱翻的现象，此时妈妈不要强制孩子一页一页地按顺序翻看，当孩子找到自己感兴趣的书页停下来时，妈妈再给孩子讲解内容。

第三步：孩子看一会儿后，妈妈引导孩子合上书，把看到的内容或故事讲给妈妈听，或者由妈妈给孩子讲书中的内容，让孩子听。

温馨小贴士：孩子讲故事时，妈妈要微笑着倾听，不要打断孩子的思路；另外，讲故事的时间最好不要超过10分钟。

拓展练习

通过游戏，引导孩子将观察到的形象信息用肢体模仿出来，可以提高孩子的想象力和肢体协调能力，进而促进孩子右脑的开发。例如，妈妈可以说："你知道小兔子是怎么走路的吗？"

● 推荐游戏：动物模仿秀

方法提示：妈妈首先准备一本小动物的图画书，和孩子一起观看，然后根据图画书中的内容，分别说出各种小动物的名字，让孩子根据妈妈的指令，模仿小动物走路的样子。妈妈可以和孩子比赛看谁模仿得更像，游戏效果更好。

趣味链接 我和大脑有个约会

长期坚持绘画对大脑有好处

长期坚持绘画等思维性艺术可以增加大脑各区域之间的交互，缓解年龄增加带来的大脑衰退。科学家研究了艺术对62～70岁之间的人的影响，实验者中一半人学习艺术历史，另一半人学习绘画，结果显示，学习绘画的人表现得更突出。

数字魔法屋——训练孩子的空间能力与记忆力

许多妈妈不知道怎样帮孩子进行右脑开发，运用的方法往往是孩子十分抵触的，那么妈妈不妨尝试一下下面这个小游戏。

右脑训练

● 准备

1. 游戏名称：数字魔法屋。

2. 游戏目的：提高孩子的空间知觉能力与视觉记忆力。

3. 适合年龄：3岁以上。

4. 游戏道具：数字积木。

● 步骤

第一步：妈妈给孩子准备一些数字积木，并将这些积木打乱，然后给孩子示范怎样搭建数字魔法屋。

宝贝要认真看妈妈是怎样搭建魔法屋的哦!

温馨小贴士: 搭建数字魔法屋的时候,妈妈要提醒孩子注意观察数字在搭建过程中的排序。

第二步:妈妈再次把积木打乱,然后引导孩子按照自己的方法搭建数字魔法屋,在搭数字积木的过程中,妈妈要帮孩子调整数字的顺序。

温馨小贴士: 初次接触数字积木的孩子,很难一次性完成妈妈交给的任务,妈妈可以按照由少到多的顺序,让孩子慢慢熟悉这个游戏。

拓展练习

右脑训练与肢体训练是密不可分的,通过玩游戏让孩子从中感受到乐趣,同时又能锻炼孩子的肢体协调能力、记忆力和动手能力,这样右脑开发才能轻松实现。另外，怎样引起孩子对右脑游戏的兴趣，也是妈妈要考虑的问题。

● 推荐游戏：小鱼儿，钻山洞

方法提示：妈妈双手撑地，形成一个小山洞。妈妈可以同时配上儿歌："小鱼儿，游呀游，小鱼儿，过山洞，一条两条三四条。"

趣味链接 我和大脑有个约会

长期保持阅读习惯能锻炼大脑

当一个人专注阅读时，血液会进入大脑中负责注意力和认知能力的区域，所以阅读过程可以有效地训练大脑的认知能力，激活大脑不常用的区域。而看电视、玩手机、打游戏却起不到这样的作用，少玩手机多看书才能让大脑保持活力。

少了哪一个——培养孩子快速记忆的能力

将观察、记忆、表达等能力培养融入一个小游戏中，不仅有利于孩子的右脑开发，而且对孩子左右脑配合及全脑开发都有很大的帮助。妈妈不妨多让孩子尝试一些整理玩具类的小游戏。

右脑训练

● 准备

1. 游戏名称：少了哪一个？

2. 游戏目的：培养孩子的快速记忆能力。

3. 适合年龄：3岁以上。

4. 游戏道具：孩子的各种玩具、一个大纸箱。

● 步骤

第一步：妈妈准备一个大纸箱，然后将孩子的玩具全部放到纸箱中，让孩子快速地查看纸箱中的玩具，时间为5分钟。

温馨小贴士：孩子观察玩具时，注意力很难保持集中，所以妈妈要不断提醒孩子纸箱里都有哪些玩具。

第二步：孩子观察结束后，妈妈让孩子转过身去，快速从纸箱中拿出一个玩具，放到孩子看不到的地方，然后让孩子再次查看纸箱，说出纸箱中少了哪个玩具，并尝试描述玩具的样子和玩法。

温馨小贴士：如果孩子实在找不出，妈妈可以帮助孩子回忆。

第三步：重复以上步骤。

温馨小贴士：如果孩子喜欢这个游戏，妈妈和孩子可以多做几次；如果孩子不喜欢这个游戏，妈妈和孩子可以玩比赛式的互动游戏。

拓展练习

读故事、听故事，是孩子最喜欢做的事情，在阅读故事的过程中，也可以开发孩子的右脑。例如，孩子通过对故事情节的回忆和复述来提高思维感知和表达能力。

● 推荐游戏：回忆小故事

方法提示：妈妈准备一本孩子从没有看过的故事书，选择其中的一个故事读给孩子听，时间控制在10分钟以内，然后合上书本，给孩子8分钟的时间复述这个故事，过程中允许孩子添加自己想象的情节，复述结束后，再和孩子一起重新读故事。

趣味链接 我和大脑有个约会 ◁┄┄┄┄┄┄┄┄┄┄┄┄┄┄┄┄┄┄┄┄┄┄┄┄

长期处于健康环境，大脑才健康

工作或学习的环境对于大脑而言十分重要，简单来说，大脑就像电脑的CPU，温度过高就会降低工作效率，减少工作寿命。举个例子，如果夏天我们处于闷热的环境中，工作或学习效率会明显下降，大脑消耗则会明显增多，这种环境对于大脑来说是有害的。夏天要选择安静清凉的环境，冬天要选择保暖、空气流通的环境，这样学习或工作的效率才会更高。

CHAPTER 6

4~5岁，用新鲜的刺激
激活孩子的右脑功能

学前期是开发孩子右脑的黄金时期，如果孩
子的右脑智能在上学之前不能被充分开发，日后
再想开发就难上加难了。鉴于孩子当前的生理特
点，很难对相同的刺激保持长时间的兴趣，这个
阶段应侧重于"综合刺激"。

学儿歌，识四季——培养孩子的语言节奏感

孩子4岁以后，大脑发育逐渐成熟，妈妈可以和孩子一起阅读配有有趣图文的诗词和儿歌，让孩子感受语言的节奏感，通过图文与韵律相结合的方式开发孩子右脑的潜能。

右脑训练

● **准备**

1. 游戏名称：学儿歌，识四季。

2. 游戏目的：让孩子体验语言的节奏感，提高孩子的认知力。

3. 适合年龄：4岁以上。

4. 游戏道具：配有春、夏、秋、冬元素的四季卡片。

● **步骤**

第一步：妈妈给孩子讲解四季的时间和四季出现的不同景象，

然后拿出卡片，引导孩子按照春、夏、秋、冬四季分类，逐一给孩子讲解。

　　温馨小贴士：妈妈讲解要生动，例如："春天来了，桃花开了！"让孩子观察图片的同时，跟着自己一起读出来。

　　第二步：妈妈将四季卡片的内容编成一首简单的儿歌，让孩子背诵，如："春天到了，桃花笑了；夏天到了，知了叫了；秋天到了，树叶黄了；冬天到了，雪花飘了！"

　　温馨小贴士：妈妈在孩子背诵时，要及时纠正孩子的错误发音，让孩子看着自己的口型学习正确的发音。

拓展练习

　　除了儿歌外，妈妈还可以为孩子准备一本唐诗挂图，通过图文结合的方式，不仅便于孩子理解，还能让孩子逐渐感受语言的节奏感和韵律感，提高孩子的语言表达能力和对事物的认知能力。

　　● **推荐游戏：我来背唐诗**

　　方法提示：妈妈为孩子选一本容易讲解和便于孩子理解的唐诗挂图，标准为简短、易诵的诗，例如《春晓》《咏鹅》等。妈妈可以边读诗边引导孩子看图，逐一讲解诗中描绘的意境，然后让孩子大声朗读。孩子能够背诵后，再引导孩子闭上眼睛，边背诗边在脑海中想象诗中描绘的画面。

趣味链接　**我和大脑有个约会** ◁

微笑对大脑的积极作用

当我们看到一张笑脸时，会不由自主地觉得温暖、安心；相反，当看到皱眉、嫌弃、厌恶的表情时，我们会产生愤怒、厌恶的感觉。微笑对大脑健康具有非常积极的作用。微笑可以刺激大脑的回路，强化人际互动关系和愉悦度。想要保持大脑健康，就从微笑开始吧。

猜猜猜——培养孩子的绘画兴趣与创造力

　　绘画是开发孩子右脑最好的方式之一，其过程包含了视觉感受、动手能力、听觉描述、语言理解等。孩子把所看、所想的画出来的行为，能够激活右脑细胞，促进右脑思维，提高孩子的创造力。

右脑训练

● 准备

1. 游戏名称：猜猜猜。

2. 游戏目的：锻炼孩子的观察力、想象力。

3. 适合年龄：4岁以上。

4. 游戏道具：白纸若干、各种颜色的画笔。

● 步骤

第一步：妈妈和孩子一起画，先不告诉孩子自己要画什么，直接在纸上画出基本形状，让孩子猜猜自己要画什么。

温馨小贴士：游戏开始时，引起孩子的兴趣是关键。

第二步：如果孩子猜错了，妈妈可以继续补充画的细节，每补充一个细节，都要让孩子猜一次。用这种方法，可以极大地锻炼孩子的想象力和对绘画的兴趣。

温馨小贴士：在游戏的过程中，妈妈要多用问句，让孩子多想、多猜，保持好奇心。

拓展练习

绘画练习未必能让你的孩子成为画家，却可以让他的大脑更加聪慧。如何将绘画变成一件妙趣横生的事情，这需要考验妈妈的智慧了。

● **推荐游戏：妙趣横生**

方法提示：妈妈先做示范，在纸上画一个圆，让孩子也跟着画。一开始，孩子可能画得不那么圆，但是妈妈不要一味纠正。如果孩子画了一个凹面的圆，妈妈可以在上面画个梗，告诉孩子它变成了"苹果"；如果孩子画了一个凸面的圆，妈妈可以在上面画个柄，告诉孩子它变成了"梨"；如果孩子画得还不错，妈妈可以在上面加点"光芒"，让它变成"太阳"。总之，要让孩子感受到画画是一件妙趣横生的事情。

趣味链接 我和大脑有个约会 ◀

常用脑能促使大脑保持健康

大脑就像汽车的发动机，需要经常磨合，才能正常运转。快速的智能运作有利于大脑保持健康，所以，每天抽出时间做一些智能挑战游戏，尽可能在短时间内解决一些复杂问题，对于大脑健康是十分必要的。阅读、下棋、欣赏一幅艺术作品，对大脑而言都十分有益，沉迷于电子产品和手机游戏等，则会伤害大脑的记忆力和专注力。

小红帽与大灰狼——培养孩子的右脑才艺

孩子精力充沛，乐于玩耍，这不仅能刺激孩子的大脑发育，还能排除不良情绪。尤其是角色扮演类游戏，能够让孩子在快乐的游戏中激发右脑丰富的想象力。

右脑训练

● **准备**

1. 游戏名称：小红帽与大灰狼。

2. 游戏目的：促进右脑思维，培养右脑才艺。

3. 适合年龄：4～5岁。

4. 游戏道具：画好的各种面具、音乐。

● **步骤**

第一步：妈妈给孩子讲"小红帽与大灰狼"的故事，然后让孩子根据故事的情节，模仿小红帽和大灰狼的动作。

温馨小贴士：妈妈在讲故事的时候，要生动形象、通俗易懂，同时要引导孩子发挥想象力，在脑海中形成画面。

第二步：妈妈让孩子挑选一个角色，然后播放一段轻快的音乐，如果妈妈扮演大灰狼，就要学大灰狼的叫声，迈着沉重的步子，同时提醒扮演小红帽的孩子怎样做才能演得更像。妈妈可以引导孩子轻快地蹦跳、走路，把舞蹈融入表演中，这样轻快的舞蹈剧，孩子会非常喜欢。

温馨小贴士：妈妈要准确地诠释不同角色的形象，表演时要有丰富的表情，让孩子对表演有个清晰的印象。

拓展练习

好奇心是孩子兴趣的起源，而兴趣是创造力的必要元素，妈妈有意识地培养孩子的艺术能力，对孩子的右脑开发而言，有着非凡的意义。孩子的右脑需要多种刺激才能发育得更加完善，妈妈要多给孩子创造接触艺术的机会，并抓住时机给予正确的指导。

● 推荐游戏：感受艺术的美

方法提示：培养孩子的艺术能力可以随时随地进行，这个小游戏不拘泥于形式，妈妈要善用动作来引导孩子去体验和感受。例如，如果孩子喜欢听《小燕子》的儿歌，妈妈就可以让孩子挥动胳膊，模仿小燕子飞行的动作；如果孩子喜欢《小白兔》的儿歌，妈妈就可以让孩子将两只手都放在头上，比成"v"字形来代表小白兔的两只耳朵，一蹦一跳地模仿小白兔的动作。

趣味链接 我和大脑有个约会

有氧运动可促进大脑保持健康

充分的运动能够强化身体的每个器官及其所联结的大脑部位，那么要怎样运动，多少运动量才算合适呢？简单说，就是越激烈越好，跑步比走路好，走路比伸展好。当然，要根据每个人的身体条件，制订一个符合自身条件的运动计划，虽然麻烦，但很重要。

快乐传传传——开发孩子右脑的音乐潜能

　　音乐智能是孩子所有智能中最早萌发的一种，对孩子发展语言智能、数学智能、空间智能，提高想象力与创造力，都有着直接或间接的作用。

右脑训练

● 准备

1. 游戏名称：快乐传传传。

2. 游戏目的：培养孩子的创作能力和表演能力。

3. 适合年龄：4~5岁。

4. 游戏道具：各种适合的音乐、一块手绢。

● 步骤

第一步：妈妈可以让孩子和邻居家的小朋友一起来玩这个游

戏。首先，妈妈要给孩子们讲清楚游戏规则，即孩子们围成一圈坐好，妈妈控制音乐，手绢从第一个孩子开始传，音乐停止的时候，手绢在哪个孩子的手里，哪个孩子就要走进圈里，配合音乐表演一个节目。

温馨小贴士：妈妈想让孩子融入艺术，就必须先让孩子爱上艺术。

第二步：引导孩子克服害羞心理，勇敢地走进圈里尽情表演。表演内容不限，可以模仿小动物，也可以跟着音乐的节拍自己编舞、跳舞。

温馨小贴士：妈妈不要用专业的标准要求孩子，只要孩子勇敢地表演，就应当给予肯定和鼓励。

拓展练习

妈妈和孩子经常念儿歌、拍手，可以让孩子充分地感受节奏，还能锻炼孩子的肢体协调能力。

● **推荐游戏：拍手歌**

方法提示：

1. 熟读儿歌：

> 你拍一，我拍一，一个小孩开飞机；
>
> 你拍二，我拍二，两个小孩梳小辫；
>
> 你拍三，我拍三，三个小孩吃饼干；
>
> 你拍四，我拍四，四个小孩写大字；
>
> 你拍五，我拍五，五个小孩来跳舞。

2. 妈妈边念儿歌，边双手相拍，然后伸出自己的左手（右手），拍孩子的右手（左手），每段的最后一句话，都要按儿歌的内容做相应的动作。

趣味链接 **我和大脑有个约会**

语言交流促使大脑保持健康

语言是人类大脑进化出的独特天赋，但语言能力并不是与生俱来的，平时如果我们不锻炼自己的语言能力和交流技巧，大脑的语言区域就无法和其他神经结构建立有效的联结，不利于大脑的健康，认知能力也容易衰退。当然，语言交流如果只是日常琐事的问候，意义也不大，只有寻找到一个能让彼此兴奋、探讨，甚至争论的话题，才更有益于大脑思维的活跃。

多米诺骨牌——培养孩子的空间识别能力

多米诺骨牌是培养孩子空间感的绝佳玩具，妈妈不要觉得这种玩具难度太高，实际上，这个年龄段的小孩子总喜欢挑战有趣的东西。

右脑训练

● 准备

1. 游戏名称：多米诺骨牌。

2. 游戏目的：培养孩子的空间距离感，提高孩子的专注力。

3. 适合年龄：4岁以上。

4. 游戏道具：多米诺骨牌。

● 步骤

第一步：妈妈先让孩子熟悉多米诺骨牌，然后示范多米诺骨牌的简单玩法，激发孩子对游戏的兴趣。

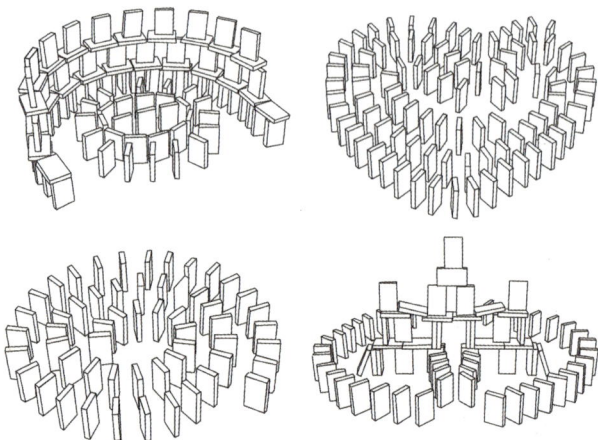

温馨小贴士：孩子操作多米诺骨牌需要一个从认识到熟悉的过程，所以妈妈保持耐心很重要。

第二步：妈妈和孩子一起玩多米诺骨牌时，妈妈尽量让孩子自己动手摆多米诺骨牌，妈妈可以在旁边引导孩子将多米诺骨牌按要求摆好。例如："宝宝看看妈妈摆的距离，这样才能碰倒前面的骨牌，宝宝是不是摆得太远了？我们把它摆得近一些。"

温馨小贴士：引导孩子玩多米诺骨牌，应遵循数量由少到多，结构由简单到复杂的原则。

第三步：让孩子尝试推倒骨牌，欣赏多米诺骨牌按顺序倒下的有趣景象。孩子熟悉以后，可以让孩子发挥想象力，摆出各种各样的图形。

温馨小贴士： 分享孩子成功的喜悦，如果失败了，妈妈要引导孩子查找失败的原因。

拓展练习

通常，大脑依靠眼睛传来的图像信息识别空间，锻炼右脑识别和构建空间的能力，不妨多陪孩子玩一玩蒙上眼睛捉人的小游戏，激活右脑通过声音构建空间画面的能力。玩这类游戏，妈妈要对游戏场地进行清理，以免孩子碰到危险物品而受伤。

● 推荐游戏：你在哪？我在这

方法提示：妈妈给孩子准备一个空间足够大的屋子，先让孩子观察四周，然后用干净的布条蒙住孩子的眼睛，和孩子一起玩捉人游戏。妈妈可以对孩子说："妈妈在这里呢……宝宝好厉害，差一点就捉到妈妈了！"

趣味链接　我和大脑有个约会

保持积极乐观的心态，有助于保持大脑健康

保持积极乐观的心态，对大脑健康是极为关键的。高度乐观的人，大脑的活跃度远高于悲观的人。举个简单的例子，拥有乐观、积极的心态，充满希望的人，大脑的记忆力及工作效率方面都会有惊人的提高，相反，悲观消极的人，记忆力和工作效率会变得十分低下，而这一切都是大脑活动的反应。

趣味颜色卡——锻炼孩子的注意力和照相记忆能力

残像游戏是通过利用颜色残像来提高孩子右脑的照相记忆能力的一种游戏。当孩子习惯了残像游戏后，右脑的照相记忆能力必然会自发性地提高。

右脑训练

● 准备

1. 游戏名称：趣味颜色卡。

2. 游戏目的：提高孩子右脑的照相记忆能力。

3. 适合年龄：4岁以上。

4. 游戏道具：一张橙色卡片、蓝色画笔。

● 步骤

第一步：妈妈准备一张橙色卡片，在中间画上一个直径2~3厘米的蓝色圆点，这样游戏要用的残像卡就做好了。

　　温馨小贴士：残像训练很适合提升孩子的注意力，留有残像的时间里，脑电波处于α波状态，孩子习惯了残像游戏，右脑的照相记忆能力就会随之提高。

　　第二步：让孩子闭上眼睛，进行3次深呼吸，心里平静后，再让孩子睁开眼睛，给孩子看橙色卡片中心的蓝色圆点，让孩子不要眨眼，持续看20秒左右。然后让孩子再一次闭上眼睛，孩子如果看到了图像，就要问他："看见了什么？什么颜色的？"

　　温馨小贴士：孩子最初很自然地会看见互补色（橙色），经过反复练习，会渐渐看到原色（蓝色）的圆点。

　　第三步：经过反复练习，如果孩子始终无法看到原色，可以尝试延长残像时间，也就是闭眼的时间。

　　温馨小贴士：反复练习的过程中，孩子的注意力会逐渐提高，孩子会很容易将所看、所想的事情映射到脑海里。

拓展练习

　　引导孩子用放大镜观察，放大镜是帮助孩子欣赏大自然的一个绝佳工具，可以让孩子看到肉眼看不到的世界，激发孩子对这个世界更多的好奇心和无穷的想象力。

　　● **推荐游戏：有趣的放大镜**

　　方法提示：妈妈准备一个放大镜，带着孩子到户外观察。妈妈先演示怎样用放大镜对着花、草、小虫子进行观察，然后让孩子亲自体验。当孩子将放大镜移动到一定距离，看到树叶的脉络，看到小虫子的鼻子和眼睛时，在孩子的大脑中，对世界的认知就有了新的变化。

趣味链接 我和大脑有个约会 ◁

冥想促使大脑保持健康

冥想可以让一个人的情绪回归平静，如果每天能坚持30~60分钟的冥想，就有益于大脑排出垃圾物质，保持大脑健康。冥想属于自我催眠，在冥想状态中，脑电波处于α波状态，可以将大脑从疲劳状态中解脱出来，对于保持大脑健康和提高工作效率效果极佳。

CHAPTER 7

5~6岁，帮孩子构建完整的心理拼图

孩子在6岁前，右脑处于优势地位。可以说，6岁前是孩子右脑开发的最佳年龄段。6岁左右，孩子逐渐倾向于使用左脑思考问题，这时，右脑开发应侧重于左右脑的平衡与整合，在6岁前，帮孩子构建出完整的心理拼图。

左右不一样——拓展孩子脑细胞功能范围

　　游戏是孩子生活中最重要的部分，妈妈要抓住孩子爱玩的心理，带孩子愉快地走上右脑开发的智慧之旅。当然，玩游戏也需要智慧，玩什么游戏，怎么玩，都是需要精挑细选的。

右脑训练

● **准备**

1. 游戏名称：左右不一样。
2. 游戏目的：刺激孩子左右脑发育，拓展脑细胞功能范围。
3. 适合年龄：5岁以上。
4. 游戏道具：无。

● **步骤**

第一步：妈妈和孩子一起做屈指游戏，左手屈拇指，右手屈小指，然后左手伸直拇指屈小指，右手伸直小指屈拇指，动作由慢到快。

温馨小贴士：有些孩子能轻松做到，有些孩子可能需要训练很久才能做到，妈妈要有耐心帮助孩子完成这第一步的协调训练。

第二步：妈妈让孩子伸出食指，其余四指并拢，妈妈喊出口令，孩子的手指及时移动到嘴、鼻尖、眼睛、耳朵等部位。例如，妈妈喊"耳朵"，孩子立刻将手指指向耳朵。

温馨小贴士：妈妈在和孩子做游戏前，先做一下示范，做完一轮之后，妈妈和孩子互换，由孩子喊口令，妈妈做动作，这样孩子的兴趣会更高。

拓展练习

左右手做不同的动作比做相同的动作更能考验大脑的协调性，对刺激大脑发育的效果也非常明显，是非常值得长期坚持的一类亲子游戏。

● **推荐游戏：左搓搓，右敲敲**

方法提示：妈妈先做个示范，把左手伸开，手心向下放在左腿上，右手握拳向下放在右腿上。喊"开始"时，左手前后搓左腿，右拳上下敲右腿。等孩子熟悉后，再增加难度，喊"换"时，左右手变换交替进行。

趣味链接 我和大脑有个约会

傲娇的大脑（一）——既视感

看到某个场景，脑海中忽然涌起异样的感觉，此情此景，似乎在过去的某个时间段经历过……相信很多人都有过类似的情况，这就是既视感。其实，当我们的大脑视觉中枢看到眼睛所传递的信息时，大脑已经无意识地初步加工过了，因此大脑偶尔会产生一些错觉，也就是让我们感觉这件事我们经历过。这都是傲娇的大脑在作怪，不用把"既视感"当作神奇的事来看。

猜一猜，找一找——让孩子左右脑沟通更协调

　　大脑认知功能中，先着眼局部，后顾及整体，属于以左脑为主的思维；先认识整体，再类推局部，属于以右脑为主的思维。利用图形思考的小游戏，可以让孩子左右脑之间的沟通更加协调。

右脑训练

● 准备

1. 游戏名称：猜一猜，找一找。

2. 游戏目的：提升孩子左右脑沟通的协调性。

3. 适合年龄：5岁以上。

4. 游戏道具：若干虚线图、若干元素复杂的图片。

● 步骤

第一步：妈妈准备几幅虚线图，让孩子猜一猜是什么，然后再做连线，看看孩子猜得对不对。

温馨小贴士：孩子在这个年龄阶段，游戏的目的不再是孩子能否准确连线，而是能否根据虚线的点，在脑海中推理出正确的图。

第二步：妈妈将准备好的一张组成元素复杂的图片拿给孩子看，图片中最好包含人物、动物以及色彩变化等复杂元素。妈妈引导孩子先看整体，再看局部，让孩子说一说某个局部细节属于整体的哪一部分。

温馨小贴士：妈妈经常陪孩子玩这种游戏，非常有益于孩子的右脑开发。

拓展练习

绘画可以调动孩子右脑全方位的能力，对孩子空间智能的提高有很大的帮助。妈妈们可以从类似观察整体找局部的涂色游戏开始，逐渐引导孩子从整体构思一幅画，然后再引导孩子处理好局部细节和整体的搭配关系。

● 推荐游戏：骄傲的公鸡

方法提示：上图中，右侧的五个图案，分别是公鸡的哪个部分？找对了，就在相应的部分涂上颜色吧！

趣味链接 我和大脑有个约会 ◁◁◁

傲娇的大脑（二）——睡梦中坠落

酣然入梦，梦到自己从高处坠落下来，身体一抖，突然惊醒。相信很多人都做过这种梦吧？发生这种情况，其实是因为睡眠中身体肌肉得到彻底的放松，大脑误以为身体正在坠落，于是下令肌肉收紧，就出现了身体陡然绷紧的状态。

制作望远镜——提高孩子的创造力

　　孩子在5岁以后，好奇心和动手能力都越来越强，逐渐变成了"破坏王""淘气鬼"，妈妈要做的不是"堵"，而是"疏"，简单说就是正确引导孩子的好奇心与动手体验。

右脑训练

● 准备

1. 游戏名称：制作望远镜。

2. 游戏目的：培养孩子的创造力，提高孩子对色彩的兴趣。

3. 适合年龄：5岁以上。

4. 游戏道具：一个空面巾纸盒，一把尺子，一支笔，一把剪刀，红、黄、蓝色玻璃纸各一张。

● **步骤**

第一步：妈妈首先教孩子用尺子、笔在面巾纸盒的相对两面做好标记，各挖出与眼睛距离相当的两个孔。

温馨小贴士：妈妈可以教孩子对着镜子，用尺子量一下自己双眼的距离，简单为孩子讲述，怎样让相对两面的孔在一条直线上。

第二步：先在纸巾盒一面的两个孔上覆上一张玻璃纸，让孩子透过单层玻璃纸看看周围和远处的东西和平常看到的有什么不同，然后再在纸巾盒另一面的两个孔上覆上第二张玻璃纸，让孩子看看又发生了什么变化，将红、黄、蓝三张玻璃纸两两配合，让孩子再看看各有什么不同。

你现在看到的东西和平时有什么不同？

颜色变得不一样了！

温馨小贴士：妈妈在孩子观察的同时，可以给孩子讲解一下光线与色彩的小知识，激发孩子对色彩的兴趣。

拓展练习

太阳光是多种颜色复合在一起的复色光，通过三棱镜可以将复色光分解为单色光，也就是彩虹的颜色：赤、橙、黄、绿、蓝、靛、紫。妈妈和孩子一起，试试亲手做一道彩虹吧！

● 推荐游戏：制作彩虹

方法提示：方法一，将一面小镜子斜着放入水盆中，准备一张白纸放在镜子的上方，用一只手电筒照射水中的镜子，调整手电筒和镜子的角度，白纸上就会发出彩虹光影；方法二，准备一个三棱镜，让太阳光照射在三棱镜上，慢慢转动三棱镜，就会出现七彩光。如果用两个三棱镜，还可以将分散的七彩光还原，快来动手试一试吧！

趣味链接 我和大脑有个约会

傲娇的大脑（三）——舌尖效应

话到嘴边词先忘，着急又无奈！你对大脑说："喂，快把我要的词给我！"大脑却说："这就是你要的词啊！"大脑为了准确性，已经屏蔽了各种易混淆的词，其中就包含了你想要的词。这个时候，越着急大脑越不理你，当你放弃挣扎，去想其他事情的时候，大脑才会放下傲娇，把词汇交给你，这种现象就是"舌尖效应"。

手指木偶——想象力培养与全脑锻炼

　　在手指上画出各种角色，让孩子模仿，这是一种既简单又能培养孩子想象力、社交能力，以及锻炼孩子手指灵活性的小游戏，让大脑在孩子的欢声笑语中得到锻炼。

右脑训练

● 准备

1. 游戏名称：手指木偶。

2. 游戏目的：开发右脑，锻炼全脑，培养孩子的想象力和社交能力。

3. 适合年龄：5岁以上。

4. 游戏道具：易洗的水彩笔或指偶。

● **步骤**

第一步：妈妈和孩子一起用水彩笔在手指上画出各种有趣的图案，或在手指上套几个指偶（如下图所示），然后就可以开始游戏了。

温馨小贴士：手指木偶是非常有趣的游戏，在玩的过程中，可以让孩子自由地发挥，画不同的表情或图案。玩完游戏后要先清洗手指。

第二步：模仿。在手指上画出家人的形象，如爸爸、妈妈、爷爷、奶奶，让孩子模仿不同家人的动作和语气；也可以在手指上画出各种可爱的动物，让孩子模仿动物的动作和叫声；等等。

温馨小贴士：妈妈可以在手指上画上不同的角色，和孩子手指上的角色进行互动，妈妈和孩子为手指角色配音。

拓展练习

　　培养孩子的耐心和注意力是引导孩子学会控制情绪，提高情商的前提。妈妈不妨为孩子准备一些难度不高，却需要花时间和耐心才能完成的游戏，借此培养孩子的专注力、动手能力和控制自我情绪的能力。

● **推荐游戏：一团乱麻**

　　方法提示：妈妈准备一些各色的毛线，剪得长短不一，混合在一起，形成"一团乱麻"。然后，妈妈可以和孩子比赛，看谁能用最快的速度找出十根同样颜色的毛线，并用打结的方式接成长线。

趣味链接 我和大脑有个约会 ◀

　　　　傲娇的大脑（四）——熟悉的陌生人

　　有的时候，当我们看到熟悉的事物时，越看越别扭，甚至觉得陌生。例如，有时我们看一个熟悉的汉字时，越看越觉得不像。其实，这是由于大脑接受持续的同一刺激，就会形成神经抑制作用，刺激时间越长，神经感受到的刺激强度越弱。只要不再纠结这个问题，让大脑得到休息，正确的信息就回来了。

和时间赛跑——培养孩子处理问题的能力

孩子在人生中会遇到各种各样的条件限制，例如，在规定的时间内完成作业，在规定的时间内完成答卷，等等。妈妈要提前着手培养孩子处理这些问题的能力。

右脑训练

● 准备

1. 游戏名称：和时间赛跑！

2. 游戏目的：培养孩子的专注力和处理问题的能力。

3. 适合年龄：5岁以上。

4. 游戏道具：积木、豆子若干。

● 步骤

游戏一：妈妈为孩子准备一定数量的积木，让孩子在规定的时间内堆积出一个金字塔的形状。

温馨小贴士：游戏素材可以随意选择，设定好时间才是最重要的。

游戏二：准备两个碗，一个碗里放一定数量的豆子，要求孩子在规定的时间内用筷子把豆子夹到另一个碗里。

温馨小贴士：孩子一开始可能很难做到，妈妈不要批评孩子注意力不集中，鼓励孩子再试一次才能激发孩子的动力。

拓展练习

培养孩子的情商以及处理问题的能力，靠灌输是不行的，必须要将问题本身和表现实实在在地呈现给孩子，提高孩子的形象思维能力，让孩子学会方法永远都比得到结果重要。

● 推荐游戏：看一场比赛

方法提示：妈妈和孩子一起观看比赛类节目，尤其是体育竞技类节目，借此引导孩子跳出固有的思维模式，每到精彩之处，妈妈都要抓住机会提问，例如："如果你是裁判，这件事你会怎么处理？""现在这种情况，你猜谁能赢？"等等。

趣味链接 我和大脑有个约会 ◁

　　傲娇的大脑（五）——大脑会对外来刺激做出反应

　　有些人特别怕痒，别人给他挠痒，甚至假装要给他挠痒时，他都会大笑不止。而自己给自己挠痒时，却从来不会发出笑声，这是为什么呢？其实，这是大脑对抗恐惧的一种本能反应。当别人给自己挠痒痒时，即便预先知道，小脑也会发出一个警告信号，告诉大脑的其他部分，大脑会对外来刺激立刻做出反应，而自己给自己挠痒时，小脑会告诉大脑，不要对这种刺激做出反应。

名画欣赏——培养孩子的艺术鉴赏力

　　欣赏一部高质量的艺术作品，不仅可以提高孩子的艺术鉴赏力，还可以激发孩子右脑的想象力，拓展思维能力。妈妈适时抛出的问题，能让孩子的左右脑联结起来，将图像与思维完美地结合在一起。

右脑训练

● 准备

1. 游戏名称：名画欣赏。

2. 游戏目的：激发孩子的创造性知觉活动和思维活动。

3. 适合年龄：5～6岁。

4. 游戏道具：适合儿童欣赏的画作。

● 步骤

第一步：妈妈选择一些适合儿童欣赏的世界名画和孩子一起看，例如，约翰·埃·密莱的《盲女》、达·芬奇的《蒙娜丽莎的微笑》、齐白石的《虾》等。妈妈先让孩子自己欣赏，然后让孩子说说画的内容。

温馨小贴士：对于名画，一般是很难理解的，我们不必强求孩子一定要看懂，而是要培养孩子对欣赏名画的兴趣。

第二步：妈妈引导孩子从画的内容、主题深入进去，让孩子透过画的色彩和内容描绘出故事情节，让孩子尝试用自己的思维去解读画作。

温馨小贴士：在选择名画时，应选择色彩明亮、内容奇异有趣的作品，更能引起孩子的兴趣，产生共鸣。

🧠 **拓展练习**

无论是欣赏一幅画，还是看一部其他的艺术作品，妈妈都不要直接将内容叙述给孩子，而是要引导孩子将内心的感受用语言描述出来。每个人都应该拥有自己的审美情趣，这没有标准和条条框框，条框式的知识灌输是右脑开发的大忌。

● 推荐游戏：看图编故事

方法提示：妈妈为孩子准备几张毫无关联的图片，出示给孩子，让孩子尝试用生动有趣的故事将这些图片串联起来，让孩子的左右脑

（语言脑和图像脑）联结起来。经常做这个小游戏，可以提高孩子的语言组织能力、创造力和想象力。

趣味链接 **我和大脑有个约会**

傲娇的大脑（六）——进化中的大脑

我们人类拥有一个神奇的大脑，尽管它时常会出错，偶尔还会"欺骗"我们，有时还有点"任性"和"傲娇"，但是我们的大脑在不断进化的过程中，建立了一套"高效而快速"的运作方式，帮我们处理各种繁杂的信息。就像健身一样，我们的大脑平时也需要锻炼，经常锻炼大脑，大脑的能力也会得到提高。例如，我们经常持续紧张地处理多重任务，大脑同时处理多种事情的能力就会提高。

APPENDIX

附录
右脑趣味手指操

趣味手指操（一）：小红花

年龄：2岁以上。

智力开发：平衡左右脑发育。

小红花

①花园里，

②篱笆下，

③我种下一朵小红花。

④春天的太阳当空照，

⑤春天的小雨沙沙下，

⑥小红花张嘴笑哈哈。

①双手手腕相碰，手掌向外打开。

②十指交叉。

③双手手腕相连，中指指腹相触，其余手指自然打开。

④双手举高，两手拇指、食指围成圆形，其余手指自然弯曲。

⑤双手掌心朝向自己，从小指到拇指依次弯曲。

⑥双手手腕交叉，五指自然分开，然后抖动手指。

手指操小练习

将下面的儿歌编成手指操。

金钩钩

金钩钩，

银钩钩，

我和宝宝拉钩钩，

说话要算数，

不然是小狗。

趣味手指操（二）：我是一个大苹果

年龄：1岁以上。

智力开发：培养孩子良好的生活习惯。

我是一个大苹果

①我②是一个大苹果，

③小朋友们都爱我，

④请你先去洗洗手，

⑤要是手脏，

⑥别碰我！

①右手食指指向自己，表示"我"。

②双手张开，在空中比画出苹果的形状，表示大苹果。

③右手食指伸出，在前面点几下。

④双手互搓，做洗手的动作。

⑤左手展开，右手食指伸出，点击左手心。

⑥右手挥动，表示"不"。

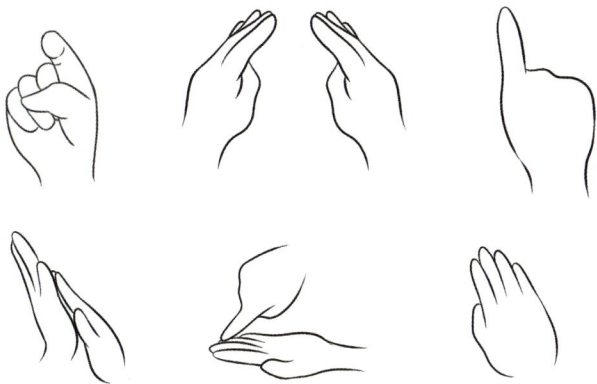

手指操小练习

将下面的儿歌编成手指操。

洗澡歌

小宝贝，来洗澡，

左擦擦，右擦擦，

打肥皂，香喷喷，

人见人爱真叫好。

趣味手指操（三）：手指对对碰

年龄：2岁以上。

智力开发：锻炼孩子的形象思维。

手指对对碰

①一根手指按门铃，

②两根手指捏豆豆，

③三根手指扣纽扣，

④四根手指提兜兜，

⑤五根手指拍拍手。

①双手食指伸出，做按门铃的动作。

②双手大拇指和食指做捏豆豆的动作。

③双手大拇指、食指和中指放在胸前，做扣纽扣的动作。

④四根手指弯曲，做提兜兜的动作。

⑤伸出手，双手手指伸直，做拍手动作。

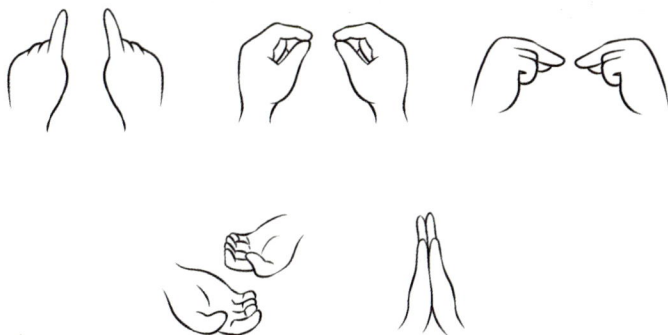

🧠 手指操小练习

将下面的儿歌编成手指操。

星星

小星星，亮晶晶，

不说话，眨眼睛，

看着宝宝，笑盈盈。

趣味手指操（四）：小宝宝，问声早

年龄：2岁以上。

智力开发：培养孩子的秩序感。

小宝宝，问声早

①小宝宝，

②刚睡饱，

③爷爷早，

④奶奶早，

⑤爸爸早，

⑥妈妈早，

⑦钻进怀里抱一抱。

①双手伸出，同时竖起大拇指。

②双手大拇指动一动。

③双手大拇指碰食指。

④双手大拇指碰中指。

⑤双手大拇指碰无名指。

⑥双手大拇指碰小拇指。

⑦双手四指将大拇指包起来，握拳。

 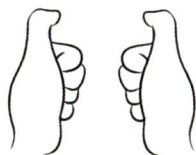

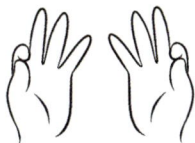 

手指操小练习

将下面的儿歌编成手指操。

扔皮球

胖宝宝，扔皮球，

你一扔，它就跳，

跳到东，跳到西，

跳到柜下躲猫猫。

趣味手指操（五）：两只小手不分家

年龄：2岁以上。

智力开发：通过双手动作，刺激大脑发育。

两只小手不分家

①拍拍，

②插插，开始拔，

③右拇指动动，向右拔，

④左拇指动动，向左拔，

拔呀拔呀拔呀拔！

⑤两只小手，

⑥不分家。

①双手拍两下。

②双手手指打开，交叉。

③左手弯曲，右手伸直向右拔。

④右手弯曲，左手伸直向左拔。

⑤伸开手，放平。

⑥竖起两个大拇指，碰到一起。

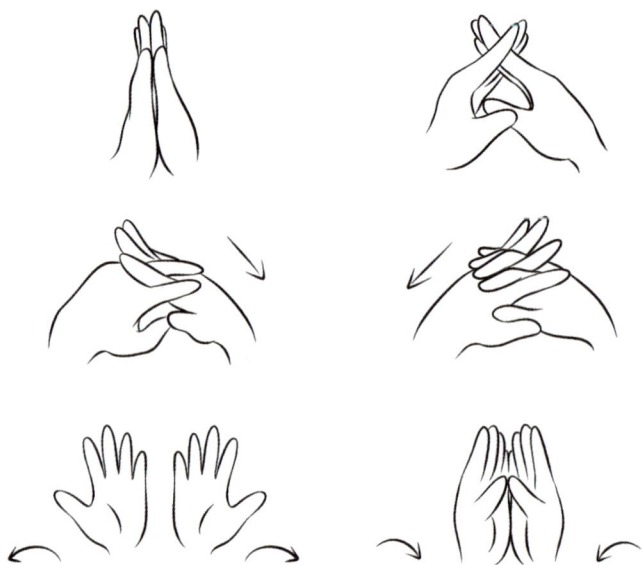

手指操小练习

将下面的儿歌编成手指操。

找朋友

拍拍手，点点头，

敬个礼，握握手。

拍拍手，点点头，

笑嘻嘻，好朋友。

趣味手指操（六）：做汤圆

年龄：2岁以上。

智力开发：培养孩子的想象力。

做汤圆

①磨一磨，

②搓一搓，

③揉呀揉呀，做汤圆，

④芝麻、豆沙包进去，

⑤圆圆滚滚到水里。

①左手握拳，右手张开，在左手上方打转。

②双手张开，掌心相对，双手做搓的运动。

③双手分别做张合的动作。

④双手握拳，大拇指被其余四指包进手心。

⑤双手握拳，做向下的动作。

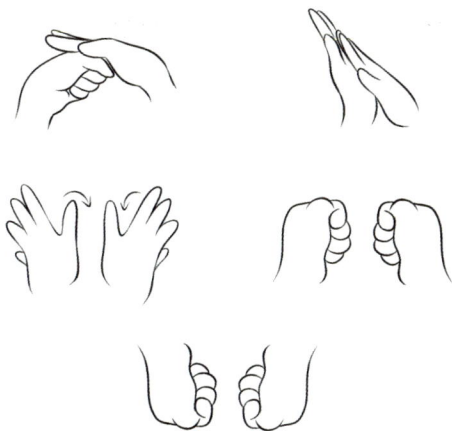

手指操小练习

将下面的儿歌编成手指操。

大公鸡

大公鸡，起得早，

太阳公公把它照，

叫叫叫，小宝宝，

快起床，不能睡懒觉。

趣味手指操（七）：两只小手来比赛

年龄：2岁以上。

智力开发：提高孩子的观察力、注意力及反应能力。

两只小手来比赛

　　①小小手儿玩一玩，

　　②两只小手来比赛，看看谁的反应快，

　　③左手拳，右手剪，

　　④右手拳，左手剪，

　　⑤左手六，右手三，

　　⑥右手六，左手三，

　　⑦哪只小手反应快？我的小手反应快！

①伸出双手拍一下。

②双手做张合的动作。

③左手出拳，右手出剪刀。

④右手出拳，左手出剪刀。

⑤左手伸出大拇指和小拇指，同时右手伸出食指、中指和无名指。

⑥右手伸出大拇指和小拇指，同时左手伸出食指、中指和无名指。

⑦根据儿歌节奏，伸开左右手。

手指操小练习

将下面的儿歌编成手指操。

小花猫

小花猫，太懒惰，

别人做操它睡觉。

老师讲课它不听，

左耳进，右耳出，

你说好笑不好笑。

趣味手指操（八）：小鸡叽叽叽

年龄：2岁以上。

智力开发：提高孩子思维的灵活性与连贯性。

小鸡叽叽叽

①两只小鸡叽叽叽，

②钻进草丛找东西，

③找到一条小虫子，

④你争我抢不客气，

⑤拉过来，扯过去，

⑥拉断了虫子，摔疼了小鸡。

①将双手放在嘴前，食指伸出，其余握拳，两根食指一上一下地动。

②手指伸直交叉，向左晃，向右晃。

③双手伸出食指，其余四指握拳，食指指腹互点。

④双手食指相勾，左手向左拉，右手向右拉。

⑤双手食指相勾，先向左拉，再向右拉。

⑥双手食指松开，然后用双手拍屁股。

手指操小练习

将下面的儿歌编成手指操。

小蜜蜂

小蜜蜂，采蜜忙，勤劳工作人人夸；

红花花，黄花花，都把蜜儿送给它。

　　右脑教养，是当前很热的一个话题，也是许多父母、准父母关心的话题。纵观市面上关于右脑开发类的书籍，种类繁多，各种题材应有尽有。编者在编写此书前就在思考：到底要给父母写一本什么样的书？编者认为，还是要讲方法。中国有句古话叫"授人以鱼不如授人以渔"，给孩子金山银山，不如培养孩子聪慧的大脑。

　　编者编写本书的主旨，就是希望父母们能够从中学到方法，得到启发，能够举一反三。《淮南子·说林训》说："临河而羡鱼，不若归家织网。"本书就是织网的线，父母则是织网的梭。正所谓学会方法才能融会贯通，在游戏中获取快乐，获取掌握知识的方法，避免逼迫式的灌输，

才是智慧，才是右脑教养的精髓。其实，任何教养法，都
离不开父母的爱与陪伴，只有付出足够的时间，对孩子的
教养才能获得成功。